갑절의
기적의 능력을
받는 법

회오리바람 같은 하나님의 음성을 듣다

갑절의
기적의 능력을
받는 법

A. A. 앨런 지음　임은묵 옮김

예찬사

일러두기
이 책의 성구는 기본적으로 개역개정이 사용되었으며, 그 외 성경역이 사용된 경우에는 따로 표시하였습니다.

엘리사가 이르되 당신의 성령이 하시는 역사가

갑절이나 내게 있게 하소서 하는지라

(왕하 2:9b)

옮긴이의 글

    우리는 영적으로 성장하고 성숙하고자 하는 마음, 그리고 하나님의 살아 계심과 성령의 강력한 역사를 우리 삶과 사역 가운데 더욱 풍성하게 경험하고자 하는 갈망을 가지고 있습니다. A. A. 앨런의 "갑절의 기적의 능력을 받는 법" 책은 바로 이러한 영적인 사모함에 응답하며, 성령의 충만함과 능력을 받기 위해 우리에게 요구되는 본질적인 요소들이 무엇인지 하나님으로부터 받은 음성을 명확하게 제시하고 있습니다.
    이 책이 우리에게 던지는 핵심 메시지는 분명합니다. 성령의 능력은 능력 그 자체보다 능력 주시는 분과의 관계, 그리고 그분 앞에서 우리의 존재가 어떠해야 하는지에 대한 깊은 깨달음과 헌신을 요구합니다. 이 책은 바로 그 능력을 담

아내고 사용할 만한 합당한 그릇이 되기 위해 우리에게 요구되는 필수적인 영적 준비와 조건들을 자세히 풀어내고 있습니다.

그렇다면 성령의 능력을 받기 위해 우리에게 요구되는 준비란 구체적으로 무엇일까요? 이 책은 우리 자신을 철저히 내려놓는 겸손과 자기 부인의 중요성을 역설합니다. 우리의 뜻, 우리의 계획, 우리의 자랑을 내려놓고 오직 하나님의 뜻만이 온전히 이루어지기를 구할 때, 성령께서는 우리의 비어 있는 공간을 그분의 능력으로 채우실 수 있습니다. 자아가 죽고 그리스도만이 우리 안에 사실 때, 우리는 비로소 성령께서 제약 없이 사용하시는 도구가 될 수 있습니다.

나아가 우리의 생각과 말에 있어서도 거룩함이 요구됩니다. 성령은 거룩하신 영이시기에, 우리의 내면과 외적인 표현 역시 그분의 거룩하심과 일치되도록 정화되어야 합니다. 불필요하거나 해로운 말, 불순한 생각은 성령의 임재를 방해하는 요소가 됩니다. 깨끗한 심령과 진실한 입술은 성령께서 능력 있게 역사하시는 중요한 통로가 됩니다.

또한 우리의 몸을 하나님께 온전히 드리는 산 제사로서의 삶이 필수적입니다. 우리의 육신은 성령이 거하시는 성전입니다. 이 성전을 세상적인 욕망이나 게으름에 내주지 않고, 하나님의 영광을 위해 거룩하게 구별할 때 성령께서는 우리의 몸을 통해 치유와 회복의 역사를 나타내실 수 있습니다. 우리의 전 존재, 영과 혼과 육이 모두 하나님께 온전히 복종할 때 우리는 갑절의 능력을 담을 수 있는 합당한 그릇으로 빚어집니다.

이 모든 준비는 결국 우리가 그리스도의 형상을 닮아가고 하나님의 신성한 성품에 참여하는 것을 목표로 합니다. 성령의 충만함은 단순히 기적을 행하는 도구가 되는 것에 그치지 않고, 능력의 근원이신 하나님의 거룩하고 사랑이 풍성하신 성품을 우리 삶 속에서 드러내는 것으로 이어집니다. 능력은 그분의 성품과 분리될 수 없으며, 인격적인 성숙과 거룩함은 능력 사역의 가장 견고한 기초가 됩니다. 또한 사람들에게 보이지 않는 은밀한 삶, 하나님 앞에서 단둘이 보내는 시간의 깊이와 경건이야말로 공적인 영역에서의 능력의 나타남을 지탱하는 보이지 않는 힘이 됩니다.

이러한 깊이 있는 영적 준비가 왜 필요할까요? 그것은 하나님께서 그분의 크신 능력을 신뢰하고 맡기실 수 있는 인격과 그릇을 찾으시기 때문입니다. 능력은 책임과 온전한 순종을 요구합니다. 하나님께서는 그분께 전적으로 헌신하고 성령의 인도하심에 민감하게 반응하는 자들을 통해 그분의 능력을 나타내기를 기뻐하십니다. 이 책은 바로 그러한 하나님의 마음에 합한 자가 되도록 우리를 도전하고 이끌어 줍니다.

이 책의 메시지는 특정 은사자들만이 아니라 성령의 충만함과 하나님의 임재를 사모하는 모든 성도에게 적용됩니다. 우리가 어떤 부르심을 받았든지, 우리의 일상과 사역 속에서 성령의 능력을 경험하기 위해서는 자신을 하나님께 온전히 내어드리고, 그분의 성품을 닮아가며, 성령의 인도하심에 민감하게 순종하는 삶이 필수적입니다.

이 책에 담긴 메시지가 독자의 영적 여정에도 귀한 깨달음과 도전을 주어 하나님께 더욱 가까이 나아가고, 그분의 임재와 능력을 풍성히 경험하는 복된 계기가 되기를 진심으로 소망합니다.

역자 **임은묵**

차례

	옮긴이의 글	6
Chapter 01	갑절의 기적의 능력을 받는 법	13
Chapter 02	제자가 그 선생보다, 또는 종이 그 상전보다 높지 못하니라	41
Chapter 03	제자가 그 선생보다 높지 못하나 무릇 온전하게 된 자는 그 선생과 같으리라	53
Chapter 04	하늘에 계신 너희 아버지의 온전하심과 같이 너희도 온전하라	73
Chapter 05	우리의 본이신 그리스도	97
Chapter 06	자기부인	111
Chapter 07	십자가를 지라	127
Chapter 08	나는 쇠하여야 하리라	137
Chapter 09	그는 흥하여야 하리라	151
Chapter 10	무익한 말과 어리석은 말을 제거하라	159
Chapter 11	너의 몸을 산 제사로 드리라	171
Chapter 12	신성한 성품에 참여하는 자	179
Chapter 13	사적인 것들을 버리라	187
Chapter 14	미국에 가해질 유독가스와 핵무기 공격 : 1950년대에 본 환상	205

CHAPTER 01

갑절의
기적의 능력을 받는 법

골방에서 기도하라

"너는 기도할 때에 네 골방에 들어가 문을 닫고 은밀한 중에 계신 네 아버지께 기도하라. 은밀한 중에 계신 네 아버지께서 갚으시리라"(마 6:6).

내가 얼마나 이 골방 안에 머물러 있었던 것일까요? 며칠이었을까요, 몇 시간이었을까요? 내가 아내에게 골방 문을 밖에서 걸어 잠그라고 부탁하고서 잠그는 소리를 들은 후 며칠이 지난 것이 확실한 듯합니다. 아내는 내가 그렇게 긴 시간 격리된 것에 관해 뭐라고 생각했겠습니까? 정말로 며칠, 또는 몇 시간이 지난 것이었을까요?

실제로 내가 하나님과 함께 어딘가로 간 것이었을까요? 하나님께서 응답하셨을까요? 하나님께서 내 영혼의 굶주림을 만족하게 하셨을까요? 아니면 과거에 자주 실패했던 것처럼 다시금 실패했을까요? 아닙니다! 나는 하나님께서 응답하실 때까지 무릎을 꿇고서 그 자리에 머물러 있었습니다. 응답하시지 않으면 죽을 생각이었습니다. 성경이 "오직 여호와를 앙망하는 자는 새 힘을 얻으리니 독수리가 날개 치며 올라감 같을 것이요 달음박질하여도 곤비 하지 아니하겠고 걸어가도 피곤하지 아니하리로다."(사 40:31)라고 말씀하시지 않았습니까?

아내가 문을 열었던 것이었을까요? 아닙니다. 문은 여전히 굳게 닫혀 있었습니다. 그런데 그 빛은 어디서 비친 것이었을까요? 그 후, 나는 내가 기도실로 삼았던 골방을 가득 채운 빛이 하나님의 영광이라는 사실을 깨달았습니다. 골방 문이 열린 것이 아니었습니다. 하늘 문이 열린 것이었습니다.

하나님의 임재는 매우 실제적이었고 강력했습니다. 나는 무릎 꿇은 채 그 자리에서 죽는 줄 알았습니다. 하나님께서 나에게 조금만 더 가까이 다가오셨더라면, 나는 그 자리에서 일어서지 못했을 것처럼 보였습니다. 하지만 나는 하나님의 영광을 원했고, 그 영광을 얻고자 했습니다. 바울이 이와 비슷한 상황에서 "땅에 엎드러졌던 것"(행 9:4 참조)은 이상한 일이 아닙니다. 그리고 요한이 "그 발 앞에 엎드려 죽은 자 같이 되었던 것"(계 1:17 참조)도 놀랄 일이 아닙니다.

이것은 기도에 대한 응답이었을까요? 하나님께서 나에게 말씀을 하시려고 했던 것이었을까요? 결국, 하나님께서 몇

년이 지난 후에 나의 갈급한 마음을 만족하게 하시려고 했던 것일까요? 나는 아무것도 의식하지 못했습니다. 오직 하나님의 강력한 임재만 의식했을 뿐입니다. 몸이 떨렸습니다. 하나님을 보려고 했지만, 실제로 보게 될까 봐 두려웠습니다. 내가 하나님을 보게 되면 죽게 될 것이라는 생각을 갑자기 하게 된 것입니다. 하나님의 영광의 임재로만 충분했습니다!

그 후에 회오리바람 같은 하나님의 음성을 들었습니다. 그분은 하나님이셨습니다. 그분께서는 나에게 말씀하셨습니다. 그것은 내가 매우 오랫동안 기다리며 매우 부지런히 구했던 영광스러운 응답이었습니다. 그것은 내가 23세에 회심한 후로 기다려왔던 것이었습니다. 그것은 하나님께서 나를 사역자로 부르신 때부터 나의 갈급한 영혼이 부르짖었던 것이었습니다.

사역으로의 부르심은 매우 강권적이었기에, 그것을 의심할 여지가 없을 정도로 매우 확실했습니다. 비록 내가 이 사역을 하려고 어떠한 준비를 하느라 시간을 보낸 적이 없었지만, 하나님께서는 내가 회심한 후부터 이 사역을 하라고 매우 실제적으로 보여주셨습니다.

나는 회심했던 때부터 마치 내 인생에 하나님의 부르심이 이루어진 것처럼 많은 공부가 필요하다는 것을 깨달았습니다. 그래서 성경을 읽는 데 많은 시간을 드렸으며, 그 말씀의 뜻을 이해하려고 노력했습니다. 하나님께서는 나의 단순하고 무지한 영혼에 말씀하신 것은 정확히 그렇게 되는 듯했고, 그 성경을 통해 직접 말씀하시는 것 같았습니다.

"가면서 전파하여 말하되 천국이 가까이 왔다 하고 병든 자를 고치며 죽은 자를 살리며 나병환자를 깨끗하게 하며 귀신을 쫓아내되 너희가 거저 받았으니 거저 주라"(마 10:7-8).

이 모든 것은 나에 대한 사역으로의 부르심을 포함하는 것 같았습니다. 하지만 나는 이런 일이 일어나는 것을 본 적이 없었습니다. 나는 그리스도의 이 명령들을 수행할 힘이 없었습니다. 그러나 이 명령들이 이루어질 것을 믿었는데, 이는 그리스도께서 이루어지지 못할 명령을 하시지 않을 것이었기 때문입니다.

회심하기 전, 나는 하나님과 그 말씀에 대해서 아는 것이 별로 없었습니다. 심지어 요한복음 3장 16절이나 사복음서의 이름을 암송하지도 못했습니다. 나는 내가 회심하고 성도로 등록했던 감리교회에서 오순절 날에 초대교회 제자들이 성령으로 세례를 받았던 것처럼 성령세례를 받을 기대를 하라는 가르침을 받은 적이 없었습니다. 그뿐만 아니라, 마가복음 16장 17-18절에 언급된 표적들이 주님을 믿는 성도인 나에게 따를 것이라는 기대를 하라는 가르침도 받지 못했습니다.

나는 구원받기 위해 주 예수 그리스도를 믿으라는 가르침을 받았고, 영광스럽게 구원받았고, 정죄로부터 자유로움을 얻었습니다. 그 후에 성경을 읽으면서 내가 가장 위대한 유익을 얻게 될 말씀들로 이끌어 달라고 구했습니다. 그러자 주님께서는 성령세례와 이에 따르는 표적, 성령의 은사, 하나님의 초자연적인 역사들에 대한 진리를 계시하기 시작하셨습니다.

그 후로 얼마 지나지 않아서, 하나님께서는 나를 오순절 교회로 인도하셨는데, 나는 그 교회에서 하나님의 복과 성령의 나타내심을 목격하기 시작했습니다. 그 교회의 집회에 참석하던 중에 나에게 필요한 것은 성령세례라는 것을 확신하게 되었습니다. 나는 성령세례를 경험할 수 있게 해달라고 하나님께 기도를 드리고 구하기 시작했습니다.

회심한 지 30일이 지났을 때, 나는 오클라호마 마이애미에서 열린 하나님의 성회 수련회에 참석하게 되었습니다. 그곳에서 영광스럽게 성령으로 충만함을 받게 되었고, 성령께서 말하게 하심을 따라서 다른 방언들로 말했습니다.

나는 "오직 성령이 너희에게 임하시면 너희가 권능을 받고"(행 1:8a)라는 말씀을 읽은 적이 있었기에 성령으로 충만하게 되기를 전심으로 기대했습니다. 이후로 나는 아픈 사람들을 치유하고 기적을 행하는 능력을 받았습니다. 그러나 얼마 가지 않아서, 이런 능력을 행하기 위해서는 성령세례 외에 많은 것들이 필요하다는 것을 깨달았습니다.

성령세례는 이런 능력을 받을 수 있도록 역사합니다. 하지만 성령의 은사들은 능력을 흘러가게 하는 통로 역할을 합니다. 나는 즉시 성령의 은사들을 구하고 기도하기 시작했습니다.

나는 병든 사람들을 치유하는 능력을 소유해야 한다고 느꼈는데, 이는 하나님께서 누군가에게 복음을 전할 사명을 주실 때는 병든 사람을 치유하는 사명도 주신다는 것을 성경이 말씀하기 때문입니다.

성령의 능력은 전기에 비유될 수 있습니다. 사람이 성령으로 충만하게 되는 것은 마치 그의 집에 전기선이 설치되고 전기발전소에 연결되는 것과 같습니다. 수다한 사람이 단지 빛을 얻기 위해서만 오랜 세월 전기를 사용하고 있습니다. 그들은 전기가 가동시켜주는 가전기기들을 사용하여 유익을 절대로 취하지 않습니다.

성령의 은사는 가전기기들과 비유될 수 있습니다. 새로운 은사들이 더해지면 더 많은 사역이 훨씬 수월하게 이루어질 수 있습니다. 그 능력은 변하지 않았고, 더 실질적이게 되었습니다. 하나님께서는 자기 백성에게 성령으로 충만하게 하셨을 때는 "그 정도면 충분하다."라고 말씀하실 의도가 절대로 없으십니다. 이것은 단지 시작에 불과합니다.

"너희는 더욱 큰 은사를 사모하라. 내가 또한 가장 좋은 길을 너희에게 보이리라"(고전 12:31).

내가 발견한 이것은 하나님을 위해서 더 위대한 일을 할 수 있는 길입니다.

회심한지 2년이 지났을 때, 나는 결혼을 하고서 얼마 지나서 사역을 시작했습니다. 내 아내와 나는 약 1년이 넘는 시간 동안 이 영광스러운 구원과 성령세례와 그리스도의 재림과 신유의 복음을 끊임없이 전했습니다.

나는 부흥회에서 항상 한 주에 두 번은 신유에 관해 설교했고, 병든 사람들을 위해서 기도했습니다. 이 기간에 하나님께서는 내가 말씀을 증거하는 것을 기뻐하시므로 수다한 기적적인 치유들을 보여주셨습니다. 그러나 나는 하나님께서 더 위대한 것들을 주시려고 계획하신 것을 알았습니다. 그래서 나는 하나님의 계획이 내 인생에 실제가 될 날이 올 것이라고 믿었습니다.

나와 내 아내는 자주 성경을 연구했습니다. 우리는 성경을 연구하면 연구할수록 하나님께서 약속하신 성령의 은사들과 표적과 치유와 기적은 우리를 위해 예비하신 것들이라는 점을 더 확신하게 되었습니다. 하나님께서 그분을 섬기는 사역자들에게 이것들을 주시기로 약속하셨다는 것은 명백한 사실입니다. 그러나 우리가 하나님께서 약속하신 만큼의 능력을 소유하지 못하고 있다는 것도 사실입니다. 우리는 이 능력이 부족한 것에 대한 성경적 이유를 알게 되었습니다. 하나님께서는 거짓말을 하시지 않습니다. 문제는 우리에게 있는 것입니다!

나는 단독목회를 하는 동안에 내 사역 속에 표적과 기사가 따르지 않는 이유를 하나님에게서 들어야 한다는 생각을 하게 되었습니다. 나는 금식하면서 기도하면 내 사역 속에 하나님의 기적을 행하는 능력이 나타나지 못하도록 방해하는 것을 계시해주실 것이라고 느꼈습니다. 나는 하나님에게서 응답을 받기 전에는 설교하기 위해서 다시 강단에 오를 수 없을 정도로 내 삶에 하나님의 능력이 임하기를 갈급해했습니다.

나는 응답 받기 위해서 금식기도를 해야겠다고 마음먹은 후에 그 계획을 아내에게 말했습니다.

그때는 내 인생에 있어서 가장 치열한 전투를 치르던 때였습니다.

사탄은 내가 하나님에게서 응답 받을 때까지 금식기도를

하는 것을 방해했습니다. 사탄은 내가 기도 골방에서 나오도록 자주 속임수를 썼습니다.

사탄은 내가 일단 하나님과 연합되기만 하면, 그의 악한 짓을 방해할 것이라는 점을 알았습니다. 그래서 사탄은 내가 하나님과 연합하지 못하도록 온 힘을 썼습니다.

나는 날마다 기도 골방으로 들어가서 하나님께서 나에게 말씀하실 때까지 머물기로 작정했습니다. 그러나 제삼제사 응답 없이 기도 골방을 나와야 했습니다.

내 아내는 나에게 반복적으로 "응답 받을 때까지 골방에 머무를 것이라고 말하지 않았나요?"라고 말했습니다. 그러고는 "마음은 원이로되 육체가 약하구나."(마 26:41)라는 말씀을 기억하면서 부드러운 미소를 지어 보였습니다.

나는 아내에게 "여보, 나는 정말로 지금 그렇게 기도하기로 작정했어요. 하지만…!"이라고 같은 대답을 반복했습니다. 내가 응답받기 전에 골방에서 나온 것에는 어떤 이유가 있는 듯했습니다. 나는 항상 '내일 온종일 기도할 거예요.'라고 말하면서 나 자신을 정당화했습니다.

이후에 상황들이 하나하나씩 풀리기 시작했습니다. 주님께서는 다니엘이 어떻게 금식하며 기도했는지에 대해서 내가 관심을 두도록 하셨습니다.

다니엘은 사탄이 3주 동안 가로막고 있었던 기도응답을

미가엘의 도움으로 사탄의 손아귀에서 빼앗았습니다.

"그 때에 나 다니엘이 세 이레 동안을 슬퍼하며 세이레가 차기까지 좋은 떡을 먹지 아니하며 고기와 포도주를 입에 대지 아니하며 또 기름을 바르지 아니하니라"(단 10:2-3).

"한 손이 있어 나를 어루만지기로 내가 떨었더니 그가 내 무릎과 손바닥이 땅에 닿게 일으키고 내게 이르되 큰 은총을 받은 사람 다니엘아 내가 네게 이르는 말을 깨닫고 일어서라. 내게 네게 보내심을 받았느니라 하더라. 그가 내게 이 말을 한 후에 내가 떨며 일어서니 그가 내게 이르되 다니엘아 두려워하지 말라. 네가 깨달으려 하여 네 하나님 앞에 스스로 겸비하게 하기로 결심하던 첫날부터 네 말이 응답받았으므로 내가 네 말로 말미암아 왔느니라. 그런데 바사 왕국의 군주가 이십일 일 동안 나를 막았으므로 내가 거기 바사 왕국의 왕들과 함께 머물러 있더니 가장 높은 군주중 하나인 미가엘이 와서 나를 도와주므로 이제 내가 마지막 날에 네 백성이 당할 일을 네게 깨닫게 하러 왔노라. 이는 이 환상이 오랜 후의 일임이라 하더라"(단 10:10-14).

다음날 나는 골방에 다시 들어가서 무릎을 꿇었습니다. 나는 아내에게 하나님의 응답을 듣기 전에는 골방에서 나오지 않을 것이라고 말했습니다. 나는 정말로 그렇게 할 생각이었습니다.

몇 시간이 지난 후, 근사한 음식 냄새가 내 코를 자극하기 시작하자, 나는 골방에서 나와 부엌으로 가서 "여보, 이게 웬 맛있는 냄새예요?"라고 물어보았습니다.

식탁 앞에 앉아서 몇 분이 흐르자, 하나님께서 내 마음에 말씀하셨습니다. 나는 음식을 한 입만 먹고서 식사를 멈추었습니다. 하나님께서는 나에게 말씀하셨습니다. 그 순간에 나는 이 세상에 어떤 것, 즉 어떤 음식이나 육체의 만족을 주는 것보다 하나님의 응답을 더 희구하기 전에는 응답받지 못한다는 것을 깨달았습니다.

나는 식탁에서 급히 일어나면서 아내에게 "여보, 이제는 하나님과 결판을 내야겠어요! 내가 골방에 들어가면 문을 밖에서 걸어 잠가 주세요. 하나님에게서 음성을 들을 때까지 골방에서 나오지 않을 거예요."라고 말했습니다.

나는 이 말을 아내에게 매우 많이 했습니다. 아내는 내가 마귀를 충분히 이기기 위해 육체의 욕구를 억누를 수 있을지에 대해서 의아해하기 시작했습니다.

아내가 대답했습니다.

"오, 당신은 한 시간 정도 지나서 문을 열어달라고 문을 두드릴 거예요."

나는 아내가 골방 밖에서 문을 걸어 잠그면서 "여보, 언제든지 문을 두드리면 열어드릴게요."라고 말하는 소리를 들었습니다.

나는 "내가 그토록 오랫동안 원했던 응답을 받기 전에는 문을 두드리지 않을 거예요."라고 대답했습니다.

결국, 나는 무슨 일이 벌어지더라도 하나님의 음성을 들을 때까지 그곳에 머물기로 굳게 작정했습니다.

나는 골방 안에서 마귀와 및 육체와 더불어 몇 시간 동안 싸웠습니다.

그날은 너무 시간이 더디게 가는 듯했습니다. 나는 모든 것을 포기하려는 유혹을 수없이 받았습니다. 응답을 못 받더라도 만족하려고 생각했습니다. 그러나 내 영혼 깊은 곳에서는 내가 포기하면 절대로 만족할 수 없다는 것을 알았습니다. 나는 골방에서 더 머물렀고, 그것으로는 충분하지 않다는 것을 발견했습니다. 그래서 계속 기다리기만 했습니다.

그때 하나님의 영광이 골방 안에 충만하게 임하기 시작했습니다. 골방의 실내장식이 빛을 발하기 시작하자, 나는 아내가 문을 연 줄로 생각했습니다. 하지만 문은 여전히 잠겨 있었습니다. 예수께서는 천국의 문을 여셨고, 그 골방은 빛으로 넘치고 있었습니다. 그 빛은 하나님의 영광의 빛이었습니다!

나는 그 일이 벌어지기까지 얼마나 오랫동안 골방에 머물렀는지 모릅니다. 그것은 중요하지 않습니다. 내가 아는 것은 그때까지 기도했다는 것뿐입니다.

하나님의 임재는 매우 실제적이었고 강력했습니다. 나는 그곳에서 무릎 꿇은 채로 죽는 줄 생각했습니다. 만약 하나님께서 조금 더 가까이 다가오셨다면, 일어설 수 없을 것처럼 보였습니다. 하지만 나는 하나님의 임재를 원했고, 임재 안에 머물기로 작정했습니다.

이것이 내 기도에 대한 응답이었을까요?

하나님께서는 나에게 말씀하셨을까요?

하나님께서는 내가 지난 수년 동안 구하던 마음의 소원을 만족하게 하셨을까요?

나에게는 하나님의 임재를 느끼는 것 외 다른 의식이 없었습니다. 나는 하나님을 보려고 했지만, 하나님을 보게 되면 갑자기 죽을지도 모른다는 생각을 했습니다

"또 이르시되 네가 내 얼굴을 보지 못하리니 나를 보고 살자가 없음이니라"(출 33:20).

다만 하나님의 영광스러운 임재만 있으면 충분했습니다. "주여, 저는 왜 병든 사람들을 치유할 수 없나요? 왜 저에

게는 주님의 이름으로 기적을 행할 수 없는 것인가요? 왜 저의 사역에는 베드로와 요한과 바울에게 따랐던 표적들이 따르지 않는 것인가요?"

지금 하나님께서 나의 질문에 대답하실 때, 그분의 임재 안에 있을 때, 나는 로키 산맥 기슭에 있는 작은 자갈 중 하나처럼 느꼈습니다. 나는 그분의 음성을 듣기에 합당하지 않은 존재처럼 느꼈습니다. 그러나 그분께서는 내가 자격이 있어서 말씀하신 것이 아니었습니다. 그분께서 나에게 말씀하신 이유는 내가 그분을 필요로 하기 때문이었습니다.

20세기 전, 하나님께서는 그 능력을 주시기로 약속하셨으며, 그 약속을 지키셨습니다.

하나님께서는 어떤 사람이 나에게 말하는 것보다도 빠르게 말씀하셨습니다. 그 말씀은 내가 머리로 따라가기에도 빨랐습니다. 나는 마음으로 울부짖었습니다.

"조금만 천천히 말씀해주세요. 말씀하시는 것을 전부 기억하고 싶어요."

그러나 나는 그 말씀을 결코 잊을 수가 없습니다! 하나님께서는 그분의 능력에 대해 여러 가지를 말씀하셨습니다. 하나의 새로운 요구가 내 마음에 주어지면, 그 요구가 무엇을 의미하는지, 그리고 그 요구의 중요성에 대한 간략한 설명이 뒤따랐습니다. 하나님께서 나에게 말씀하신 것 중 몇 개는 성경처럼 들렸습니다. 나는 그 중 몇 개를 알고 있었습니다. 그 중 세 개는 성경에서 나온 것이었을까요?

만약 내가 그토록 많은 것들을 기억해야 했다는 것을 알았더라면, 연필과 종이를 가져왔을 것입니다! 나는 하나님께서 그렇게 길게 말씀하실 지 전혀 기대하지 못했습니다. 나는 내가 하나님의 영광에서 그토록 멀리 떨어져 있었다는 것을 꿈에서도 생각해본 적이 없었습니다. 나는 그토록 많은 것들이 내 인생 속에서 의심을 만들어내고 내 믿음을 방해한다는 것을 깨달은 적이 없었습니다.

하나님께서 계속해서 말씀하시자, 나는 내 주머니에 연필이 있다는 것을 느꼈습니다. 결국, 연필을 꺼낸 후에 종이를 찾기 시작했습니다. 그러나 종이를 찾을 수가 없었습니다. 그때 갑자기 내가 설교할 때 입었던 겨울 양복이 가득 담겨 있던 종이상자를 사용하면 된다는 생각이 들었습니다. 그 종이상자에 받아 적을 예정이었습니다. 이제 받아 적을 준비가 되었습니다!

나는 주님께서 말씀하셨던 것들을 내가 하나씩 받아 적을 수 있도록 다시 말씀해주실 것을 부탁드렸습니다. 그 내용을 종이에 받아 적을 수 있기 위해서 그분에게 조금만 천천히 말씀해주실 것을 여쭈었습니다.

하나님께서는 나에게 이미 계시하셨던 많은 것들을 처음

부터 다시 말씀하기 시작하셨습니다. 그분께서 말씀하시는 동안, 나는 그것을 받아 적었습니다.

내가 하나님께서 말씀하신 목록 중에 마지막 요구를 받아 적었을 때, 하나님께서는 다시 한 번 말씀하셨습니다.

그분께서는 "이것이 네 기도에 대한 나의 응답이다. 네가 이 목록의 마지막 요구에 순종하면, 내 이름으로 병든 사람들을 치유할 뿐만 아니라 귀신들을 쫓을 것이다. 네가 설교할 때에 강력한 기적들이 내 이름으로 일어나는 것을 보게 될 것이다. 보라, 내가 너에게 원수의 모든 능력을 이기는 능력을 주노라." 하고 말씀하셨습니다.

하나님께서는 내 사역을 방해하는 장애물들을 보여주셨습니다. 그 장애물들은 내가 하나님과 더불어 역사하는 것과 및 표적이 따르는 것을 방해했던 것들이었습니다. 그것들은 수천수만의 사역자들을 방해했던 장애물들과 동일한 것들이었습니다.

이제 골방은 다시 어두워지기 시작했습니다. 나는 그분의 강력한 힘이 내 몸에서 빠져나가는 것을 느꼈습니다. 그분의 임재는 몇 초 더 남아있었습니다. 그리고 나는 홀로 남게 되었습니다. 홀로 남게 되었지만, 혼자가 아니었습니다.

나는 강력한 하나님의 임재 아래에서 몹시 떨었습니다. 나는 어두컴컴한 골방에서 보드지 상자의 바닥을 더듬으면서 그 동안 받아 적었던 목록을 잘라냈습니다. 나는 그 목록을 손에 쥐었습니다.

결국, 나는 내 인생과 사역에 하나님의 능력을 받기 위해서 치러야 하는 대가의 목록을 쥐게 된 것입니다. 그 목록은 하나님의 기적을 행하는 능력을 받기 위한 가격표였습니다.

나는 잠긴 문을 미친 듯이 두드렸습니다. 계속해서 두드리자, 결국 아내가 다가오는 소리가 들렸습니다. 그녀는 문을 열었습니다. 그녀가 나를 본 순간 내가 하나님의 임재 속에 있었다는 것을 알았습니다.

그녀의 입에서 나온 첫 마디는 "응답 받았군요!"였습니다.

"그래요, 여보. 하나님께서 하늘로부터 나를 방문하셨어요. 여기에 하나님의 응답이 적혀 있어요."

내 손에는 오랜 시간 금식하고 기도하고 기다리고 믿은 결과의 대가로써 얻은 응답이 적혀 있는 색 바랜 갈색 보드지 조각이 있었습니다. 내 아내와 나는 그 목록이 적힌 종이를 테이블 위에 두고서 앉았습니다. 내가 그녀에게 골방에서 경험한 사건에 대해서 말하면서 그 목록을 읽어 내려가는 동안에 우리는 흐느껴 울었습니다.

내가 골방에서 나왔을 때에 목록에는 13가지가 적혀 있었습니다. 그러나 나는 그 목록을 아내에게 보여주기 전에 마지막 두 개를 지워버렸습니다. 그것들은 그녀가 알아서는 안

될 만큼 개인적인 내용이었습니다. 그녀는 그 지워진 내용이 하나님과 나만 알고 있어야 할 것들이라는 점을 알았기 때문에 한 번도 물어보지 않았습니다.

하나님께서 그 골방에서 말씀하신 이후로 세월이 많이 흘렀습니다. 실제로 나는 달력을 몇 번이나 바꿔야 했습니다. 나는 시간이 흐름에 따라서 그 목록의 요건들에 하나씩 표시했습니다. 사탄과의 싸움에서 승리를 외칠 때마다 각 요건에 표시하므로 그 목록은 점점 줄어들었습니다.

결국, 나는 마지막 두 요건까지 내려오게 되었습니다. 사탄은 나에게 "너는 11가지 요건들까지 표시했다. 그러나 나머지 두 개는 절대로 표시하지 못할 것이다. 내가 너를 더는 못하게 만들었어."라고 말했습니다.

하지만 나는 하나님의 은혜를 입어서 "너는 거짓말쟁이야!"라고 마귀에게 말할 수 있었습니다. 만약 하나님께서 내가 그 요건들에 모두 표시할 수 있다고 말씀하셨다면, 그분께서는 내가 그것을 할 수 있도록 도우실 것이었습니다. 하지만 마지막 두 요건에 표시하기까지는 적지 않은 시간이 필요했습니다.

나는 그 요건 중에서 마지막 하나가 남아있는 것을 보았던 날을 결코 잊을 수가 없을 것입니다. 마지막 요건에 표시하게 되면, 하나님께서 나에게 약속하신 것을 요구할 수 있게 되는 것이었습니다. 할렐루야!

나는 그 약속을 요구해야 했습니다! 수천만의 사람이 의학적인 도움을 받지 못한 채로 고통당하고 있습니다. 누군가는 그들에게 치유를 가져다주어야 합니다. 하나님께서는 사람들에게 치유를 가져다주게 하려고 나를 부르셨습니다. 또한, 하나님께서는 동일한 일을 위하여 모든 복음 사역자들을 부르셨습니다.

"여호와의 말씀이 내게 임하여 이르시되 인자야 너는 이스라엘 목자들에게 예언하라. 그들 곧 목자들에게 예언하여 이르기를 주 여호와께서 이같이 말씀하시되 자기만 먹는 이스라엘 목자들은 화있을진저 목자들이 양떼를 먹이는 것이 마땅하지 아니하냐? 너희가 살진 양을 잡아 그 기름을 먹으며 그 털을 입되 양떼는 먹이지 아니하는도다. 너희가 약한 자들을 강하게 아니하며 병든 자를 고치지 아니하며 상한 자를 싸매주지 아니하며 쫓기는 자를 돌아오게 하지 아니하며 잃어버린 자를 찾지 아니하고 다만 포악으로 그것들을 다스렸도다. 목자가 없으므로 그것들이 흩어져서 모든 들짐승의 밥이 되었도다(겔 34:1-5).

내가 미국 전역을 다니면서 복음을 증거할 때마다 하나님께서는 집회 위에 성령의 능력을 부으셨습니다. 하지만 나는 그 마지막 요건에 표시할 때에 이전에 본 적이 없던 기적들을 보게 될 것이라는 점을 알았습니다. 나는 그 동안 승리를 얻기 위해 인내로써 견디고, 최후 승리가 올 때까지 하나님을 신뢰했습니다. 나는 승리가 내 것이 될 때에 하나님께서 영광을 받게 되실 것이고, 다른 사람들도 그분의 능력을 구할 용기를 얻게 될 것이라는 점을 알았습니다.

이 책을 쓰는 동안, 나는 "하나님의 치유 부흥으로 돌아가라!"의 주제로 오클랜드 캘리포니아에 있는 갈보리템플에서 집회를 인도했습니다. 많은 사람이 이 집회는 오클랜드 역사상 가장 강력한 부흥이었다고 말했습니다. 하나님의 능력이 이토록 역동적으로 나타난 것을 목격한 적이 없었다고 수백 명이 말했습니다.

밤마다 거룩한 영광의 물결이 회중을 휩쓸고 갔습니다. 수다한 사람이 자리에 앉아 있는 동안에 치유 받았다는 것을 간증했습니다. 우리는 집회 때마다 하나님의 강력한 능력을 재삼 느꼈습니다. 사람들은 즉각적으로 받은 치유에 대해서 간증하기 위해 일어섰습니다.

어떤 이들은 눈으로 확인할 수 있는 기적을 체험했습니다. 외관상으로 확인되던 종양들이 사라지고 앉은뱅이들이 온전하게 되었습니다.

내가 예수의 이름으로 안수할 때에 갑상선 종양이 흔적도 없이 사라졌습니다.

눈먼 사람들이 눈을 뜨자 수많은 사람이 소리를 질렀습니다.

어떤 여자는 "어둠에서 나와 햇빛으로 들어가는 것 같았어요."라고 간증했습니다.

우리는 식도에 문제가 있던 한 여자를 위해 기도했습니다. 몇 초 후에 그녀는 화장실로 달려갔습니다. 그녀는 집회 장소에 돌아와서 간증하기를 "기도 받은 후에 목구멍에서 뭔가가 떨어지더니 입으로 넘어왔어요."라고 했습니다. 그녀는 그것을 뱉어내기 위해 화장실로 달려간 것이었습니다. 그것은 암으로 추정되는 희기도 하고 붉기도 한 종양이었습니다.

어른의 주먹만 한 탈장이 밤사이에 사라졌습니다.

우리가 안수하면 암, 청각 장애, 종양, 갑상선종, 당뇨가 예수의 이름으로 사라졌습니다. 통증의 원인이 밝혀진 질병들과 밝혀지지 않은 질병들도 사라졌습니다. 많은 사람이 의사의 진단서와 엑스레이를 가져와서 자신들이 받은 치유를 증명했습니다.

우리는 하나님의 기적 행하는 능력에 놀랐습니다. 하나님의 기적 행하는 능력은 밤마다 집회가 시작할 때부터 역사했습니다. 수백 명이 원수의 능력으로부터 건짐 받고 구원받고

치유 받고 성령 충만을 받았습니다.

그 집회 기간에는 '치유 기도를 받기 위한 줄'에 서 있기란 불가능했습니다. 내가 안수했던 사람 중에 90%는 하나님의 강력한 능력 아래에 즉시 쓰러졌습니다. 어떤 사람들은 쓰러지기 전에 춤을 추거나 술 취한 것처럼 흐느적거리기도 했습니다.

"선지자들에 대한 말씀이라. 내 마음이 상하며 내 모든 뼈가 떨리며 내가 취한 사람 같으며 포도주에 잡힌 사람 같으니 이는 여호와와 그 거룩한 말씀 때문이라"(렘 23:9).

이런 상황에서는 사람들이 기도 받은 후에 간증하러 강단으로 올라오기가 어려웠습니다.

어떤 사람이 이런 현상을 일컬어 광신이라고 하지만, 이것은 광신이 아닙니다! 이것은 하나님의 백성 위에 임하는 하나님의 강력한 능력입니다. 이런 현상은 요한이 주님의 발 앞에 쓰러지게 했던 것과 동일한 기적의 능력입니다.

"내가 볼 때에 그의 발 앞에 엎드러져 죽은 자 같이 되매 그가 오른 손을 내게 얹고 이르시되 두려워하지 말라. 나는 처음이요 마지막이니"(계 1:17).

매우 많은 환자가 기적적으로 치유 받은 것은 이 집회의 가장 현저한 결과였다고 다수가 말합니다. 조심스럽게 어림잡아, 기도 받은 사람 중에 적어도 90% 또는 그 이상이 기적적으로 치유 받았습니다.

어느 날 밤의 집회는 '성령의 밤'이라고 불렸습니다. 집회 장소는 강단에 놓인 긴 의자들에서부터 출입구까지 사람들로 가득 찼습니다.

(이 글은 강력한 성령집회가 끝나고 새벽 2시에 기록한 글입니다.)

성령으로 충만함을 받거나 재 충만을 받은 사람들의 수를 세려면 시간이 적지 않게 들 것입니다. 우리는 그 집회 시에 사도행전 8장 17절에 따라서 성령 충만을 구하는 사람들에게 안수할 것이라고 광고했습니다. 설교가 끝난 후, 예배 시에 성령 충만을 경험하지 못한 사람들이 기도를 받기 위해서 강단 앞으로 나왔습니다. 우리가 안수했던 사람들은 소수를 제외한 모든 사람이 바닥에 쓰러졌습니다. 그 후에 강단 위에서 '주님의 권능 아래에서 쓰러진 수다한 사람'을 보는 것은 범상치 않은 광경이었습니다. 사람들은 강단과 복도에도 쓰러진 채 있었습니다!

천국의 음악소리 같이 감미로운 음성들이 하나가 되어 하나님을 찬양했습니다. 성령께서는 순종하는 성도들에게 충만히 임하셨고, 그들은 다른 방언을 말하기 시작했으며, 하나님을 높였습니다.

"믿는 자들에게는 이런 표적이 따르리니 곧 그들이 내 이름으로 귀신을 쫓아내며 새 방언을 말하며 뱀을 집어 올리며 무슨 독을 마실지라도 해를 받지 아니하며 병든 사람에게 손을 얹은즉 나으리라"(막 16:17-18).

"베드로와 함께 온 할례받은 신자들이 이방인들에게도 성령 부어주심으로 말미암아 놀라니 이는 방언을 말하며 하나님 높임을 들음이러라"(행 10:45-46).

비록 내가 치유의 은사를 소유하고 있다는 것을 말하지 않더라도, 그 집회와 다른 집회 시에 수백 명이 기적적으로 치유 받았습니다. 나는 성령의 은사 중의 하나라도 소유하고 있다거나, 또한 다른 사람들에게 성령의 은사들을 전이할 능력이 있다고 말하지 않습니다. 하지만 그때는 밤마다 성령의 은사들이 작동했습니다. 하나님께서는 따르는 표적으로 그 말씀을 확실히 증언하셨습니다!

내 사역 속에서 이러한 변화를 보게 된 이유는 무엇이었을까요? 당신은 왜냐고 물을 것입니다. 아직도 믿어지지 않았습니까?

결국, 그 목록의 마지막 요건에 표시가 되었습니다! 할렐루야! 나는 내가 사는 동안에 그 마지막 요건에 표시하는 것에 대한 소망을 거의 포기하려고 했던 적이 많았습니다. 하지만 결국 나는 그것에 표시했습니다! 하나님의 은혜로 그것은 영원히 표시되었습니다!

병든 사람들이 치유되었습니다. 귀신들이 쫓겨났습니다. 예수의 말씀을 증언했을 때 강력한 기적들이 예수의 이름으로 일어났습니다.

내 목록의 마지막 요건에 표시됨과 동시에 하나님의 약속이 이루어졌습니다. 하나님의 말씀이 증언되었을 때에 병든 사람들이 치유되고, 귀신들이 쫓겨나고, 강력한 기적들이 예수의 이름으로 일어났습니다!

당신은 당신의 삶에 하나님의 능력이 임하기를 학수고대하고 있습니까? 그렇다면 하나님과 독대하십시오. 열린 마음으로 하나님을 바라고, 당신과 하나님 사이를 가로막고 있는 것들이 무엇인지 보여 달라고 구하십시오.

"여호와의 손이 짧아 구원하지 못하심도 아니요 귀가 둔하여 듣지 못하심도 아니라. 오직 너희 죄악이 너희와 너희 하나님 사이를 갈라 놓았고 너희 죄가 그의 얼굴을 가리어서 너희에게서 듣지 않으시게 함이니라"(사 59:1-2).

당신에게 의심과 불신을 넣어주는 모든 것들을 이길 때까지 멈추지 마십시오!

이것은 '비법'이 아닙니다. 이것은 쉬운 방법이 아닙니다. 하지만 이것은 역사합니다. 이것은 어렵고 외로운 길처럼 보일 수 있습니다. 하지만 하나님께서는 이것을 행하는 사람들에게 기적을 행하는 능력을 주실 것이라고 성경에서 약속하셨습니다!

* * *

이후로 읽게 될 장들은 하나님께서 나에게 요구하신 13가지 사항들이며, 하나님의 기적의 능력을 갈망하는 모든 사람에게 바치는 글입니다.

1 - 제자가 그 선생보다, 또는 종이 그 상전보다 높지 못하니라

2 - 제자가 그 선생보다 높지 못하나 무릇 온전하게 된 자는 그 선생과 같으리라

3 - 하늘에 계신 너희 아버지의 온전하심과 같이 너희도 온전하라

4 - 우리의 본이신 그리스도

5 - 자기부인

6 - 십자가를 지라

7 - 나는 쇠하여야 하리라

8 - 그는 흥하여야 하리라

9 - 무익한 말과 어리석은 말을 제거하라

10 - 너의 몸을 산 제사로 드리라

11 - 신성한 성품에 참여하는 자

12 - 사적인 것들을 버리라

13 - 미국에 가해질 유독가스와 핵무기 공격
  : 1950년대에 본 환상

CHAPTER 02

제자가 그 선생보다,
또는 종이 그 상전보다
높지 못하니라

첫 번째 하나님의 음성

"제자가 그 선생보다, 또는 종이 그 상전보다 높지 못하니라"(마 10:24).

정말 이상한 말씀이 아닐 수 없습니다. 하나님께서는 왜 이것을 나에게 말씀하셨던 것일까요?

왠지 나는 이 말씀을 어디선가 읽어본 적이 있음을 깨달았습니다. 그런데 어디서 읽었는지 기억나지 않았습니다. 후에 이 말씀이 마태복음 10장 24절에서 인용된 것을 알았습니다. 하지만 이것은 하나님의 음성이었습니다. 나에게 직접 하시는 말씀이었습니다.

이 음성은 빌립에게 "이 수레로 가까이 나아가라."(행 8:29)고 하신 음성과 같은 것이었습니다.

이 음성은 베드로에게 "하나님께서 깨끗하게 하신 것을 네가 속되다 하지 말라."(행 10:15)고 하신 음성과도 같은 것이었습니다.

하나님의 말씀은 지금도 내 귀에 들릴 수 있습니다.

"그러므로 성령이 이르신 바와 같이 오늘 너희가 그의 음성을 듣거든 광야에서 시험하던 날에 거역하던 것 같이 너희 마음을 완고하게 하지 말라"(히 3:7-8).

나는 하나님의 음성을 들었던 것입니다. 이 말씀들을 전해준 다른 모든 사람은 잠시 내 생각에서 잊혔습니다. 나는 내 문제를 해결해달라고 간절히 구했고, 하나님께서는 나에게 응답하시고 계셨습니다.

무엇보다 나는 내 주님이신 예수보다 높아질 가능성이 절대로 없다는 것을 알아야 했습니다.

당신은 "그게 뭘 그리 이상하다는 말입니까? 그분보다 높아지기를 바라는 사람은 하나도 없습니다."라고 말할 것입니다.

하지만 내 말을 들어보십시오. 당신은 내가 과거에 그랬던 것처럼 예수보다 높아지기를 구하고 기대했다는 것을 발견하게 될 것입니다. 나는 주님께서 "나를 믿는 자는 내가 하는 일을 그도 할 것이요 또한 그보다 큰 일도 하리니 이는 내가 아버지께로 감이라"(요 14:12)고 약속하신 것을 읽었습니다. 비록 예수께서 행하신 기적들보다 더 큰 기적들을 실제로 행할 사람이 있다는 것이 좀처럼 사리에 맞지 않아 보이지만, 성경은 이에 대해서 말씀하셨습니다. 나는 이 말씀의 의미를 많이 궁금해 했습니다.

제자가 자기 주님보다 큰 기적을 행할 수 있다고 하는 생각은 성경의 정신에 직접적으로 모순되는 듯합니다. 나는 이 약속이 다른 모든 하나님의 약속들처럼 바르게 이해될 때에 진리라는 것을 볼 수 있습니다.

예수께서 "그보다 큰일도 하리라."(요 14:12)고 말씀하신 것은 자신이 시간과 작은 지역과 소수의 사람에게 국한된 기적을 행했기 때문입니다. 주님을 믿는 사람들은 많습니다. 그들은 전 세계로 흩어졌습니다. 현재 예수의 제자들은 지구 곳곳에서 전자 음향 시스템과 라디오와 텔레비전으로 예수님보다 훨씬 많은 사람에게 복음을 전하고 있습니다. 예수께서 수백 명에게 복음을 전하셨다면, 그분을 따르는 사람들은 수천 명에게 복음을 전하고 있습니다.

오늘날 일어나는 기적은 예수께서 행하신 기적과 같습니다. 그러나 기적의 양은 더 많지만, 기적의 질은 그렇지 않습니다. 모든 성도는 자신의 주인이신 예수께서 사용하셨던 능력과 같은 것을 약속 받았습니다. 초대교회 제자들은 예수에게서 직접 약속을 받았고, 이후의 제자들은 사복음서에 기록된 말씀으로 약속을 받았습니다. 이 능력을 사용한 예수의 모든 제자는 엄청나게 강력한 일들을 행했습니다.

이 장의 첫 부분에 인용한 말씀은 내가 하나님으로부터 받은 사명과 같은 사명을 그리스도께서 열두 제자에게 주시면서 보내실 때 하신 메시지에서 인용한 것입니다.

"병든 자를 고치며 죽은 자를 살리며 나병환자를 깨끗하게 하며 귀신을 쫓아내되 너희가 거저 받았으니 거저 주라"(마 10:8).

이 능력에 대한 경이로운 약속들과 더불어 핍박에 대한 경고들이 주어졌습니다.

"또 너희가 나로 말미암아 총독들과 임금들 앞에 끌려 가리니 이는 그들과 이방인들에게 증거가 되게 하려 하심이라"(18절).
"장차 형제가 형제를, 아버지가 자식을 죽는 데에 내주며 자식들이 부모를 대적하여 죽게 하리라"(21절).

그리스도를 따르는 사람들은 예수께서 행하신 것들을 행할 능력을 받았음에도 불구하고 이 박해로부터의 건짐은 약속 받지 않았습니다. 만약 주님의 제자들이 주님께서 행하신 일들을 할 수 있었고, 추가로 박해로부터 건짐을 받았더라면, 실제로 그들은 자기 스승보다 높아졌을 것입니다.

"무릇 그리스도 예수 안에서 경건하게 살고자 하는 자는 박해를 받으리라"(딤후 3:12).

능력이 나타내진 곳에 따르는 결과 중 하나는 박해입니다. 예수께서는 나사렛에 있던 목공소에 계시는 동안에는 박해를 받지 않으셨습니다. 하지만 강력한 일들을 행하기 시작하는 순간에 "귀신의 왕"이라고 불리어졌으며, 사람들은 주님을 죽이려고 시도했습니다(눅 4:29 참조). 박해는 주님께서 결국 십자가에 못 박히실 때까지 3년 반 동안 이어졌습니다. 그 이유는 당시의 무력한 종교 지도자들이 주님께서 소유하신 능력을 두려워했기 때문이었습니다.

베드로는 단순한 어부로 남아있었을 때는 멋진 사나이였습니다. 하지만 그가 성령의 능력을 받고 앉은뱅이를 고치자, 사람들은 그를 감옥에 집어넣었습니다(행 3:7, 4:3 참조). 스데반은 초대 예루살렘 교회의 성도로 남아있는 동안에는 그저 평범한 사람이었습니다. 하지만 그가 성령 충만을 받고 민간에 표적과 기사를 행하자(행 6:8 참조) 심판을 받고서 돌에 맞아 죽었습니다. 바울은 초자연적인 방법으로 예수님을 만나기 전에는 자기가 믿던 종교 때문에 생명을 부지하기 위해 한밤중에 피신할 필요가 없었습니다.

당신도 세상이 그저 평범한 그리스도인이라고 부르는 동안에는 많은 반대와 박해를 당하지 않을 것입니다. 하지만 당신이 당신 삶을 위한 하나님의 약속들을 받아들이고서 비범한 일들을 행하기 시작하면, 박해가 따를 것입니다.

나는 개인적으로 하나님께서 내가 사역자가 되게 하실 것이라고 약속하신 것을 마음으로 받아들이기까지는 그리 많은 반대를 겪지 않았습니다. 이 반대는 사람들로부터 가해지는 것처럼 보이지만, 실제는 적군의 총사령관인 사탄으로부터 직접 가해지는 것입니다. 사탄은 우리 가운데서 직접적인 정면공격에서부터 방해공작에 이르기까지 전쟁의 모든 방법을 사용해서 공격합니다.

예수께서는 자기 제자들에게 자기를 따르는 것의 대가를 반복적으로 말씀하시면서 그들이 어떤 희생을 해야 하는지 따져보라고 하셨습니다. 그리고 장차 받을 복의 가치에 비해서 예수를 따르는 것의 대가가 너무 크다고 생각하거든 되돌아가도록 기회를 주셨습니다. 우리 주님은 "그 앞에 있는 기쁨을 위하여 십자가를 참으사 부끄러움을 개의치 아니하시더니 하나님 보좌 우편에 앉으셨습니다"(히 12:2 참조).

"참으면 또한 함께 왕 노릇 할 것이요"(딤후 2:12).

자신의 스승보다 크지 않은 제자, 곧 주님의 능력과 영광을 구하는 제자가 자신의 목적지에 다다르고, 이 세상에서 풍성한 삶과 강력한 삶을 경험하고, 하늘의 영광을 맛보기를 원한다면, 그 스승이 가신 고난과 성실과 헌신의 길을 동일하게 따라가야 한다는 것을 무엇보다 먼저 언급하는 바입니다.

만약 하나님의 아들께서 자신이 섬기러 오신 사람들에게 거절과 박해와 잔혹한 채찍질과 십자가형을 받으셔야 했다면, 그 제자는 마귀에게 사로잡힌 자들에게 놓임을 주는 복음을 전하기 위해 고난을 받지 않을 수가 없습니다.

만약 그리스도께서 모든 세상적 야망을 거절하셔야 했다면, 심지어 세상을 다스리실 기회가 제공되었는데도 그것을 거절하셔야 했다면(마 4:8-10 참조) 진정한 능력을 알고 있는 제자는 오직 하나님의 풋대만 바라보아야 하며, 그 외의 것들이 아무리 매력적으로 보여도 거절해야 합니다.

제자는 자기 스승처럼 "하나님의 뜻을 행하러 왔나이다"(히 10:7)라고 부르짖어야 합니다. 그는 바울처럼 "모든 것을 해로 여김은 내 주 그리스도 예수를 아는 지식이 가장 고상하기 때문이라."(빌 3:8)고 말할 수 있어야 합니다.

만약 하나님의 아들이 "기도 외에는 이런 종류가 나갈 수 없느니라."(마 17:21)고 언급하신 귀신들을 쫓아내실 수 있기 위해서 온 세상이 잠든 한밤중에 긴 시간 홀로 산 위에서 자기 아버지께 기도하셔야 했다면, 그 제자도 이런 귀신들을 쫓아낼 생각을 하기 전에 금식과 기도와 하나님을 앙망함으로 하나님과 동일하게 생각하고 행동하는 것을 배우는 시간을 가져야 합니다.

"예수께서 그들에게 항상 기도하고 낙심하지 말아야 할 것을 비유로 말씀하여"(눅 18:1).

끈질기고 지속적인 기도는 그리스도의 삶의 두드러진 특징 중 하나였습니다. 유다가 제사장들에게 예수를 팔아넘기려고 그분을 찾기를 원했을 때, 그는 예수를 기도의 동산에서 찾을 수 있다는 것을 알았습니다.

기도는 우리 주님께 가르치는 사역과 치유하는 사역보다 더 중요했는데, 이는 "말씀도 듣고 자기 병도 고침을 받고자"(눅 5:15-16) 했던 수많은 무리 때문에 쓰러질 정도가 되는 것을 허락하시지 않았기 때문입니다.

주님께서는 무리를 떠나 광야로 나가 기도하셨습니다. 기도는 주님께 기적을 행하는 것보다 중요했습니다. 왜냐하면, 기적들은 스스로 발생하는 것이 아니기 때문입니다.

기도가 기적들의 원인이며, 기적들은 기도의 결과입니다.

기도는 예수께 안식과 취침보다 중요했습니다. 우리는 주님께서 "새벽 아직도 밝기 전에 예수께서 일어나 나가 한적한 곳으로 가사 거기서 기도하시더니"(막 1:35)와 "이 때에 예수께서 기도하시러 산으로 가사 밤이 새도록 하나님께 기도하시고"(눅 6:12)라는 말씀을 성경에서 찾아볼 수 있습니다.

만약 제자가 예수께서 지불하신 대가와 동일한 것을 지불하지 않은 채로 동일한 결과들을 얻을 수 있다면, 그 제자는 자기 스승보다 큰 사람이 되었다는 것을 시인해야 합니다.

학생은 선생이 그에게 가르쳐준 것보다 더 낫고 더 효과적인 방법을 배울 수 있습니다. 세상에서는 이런 일이 종종 일어납니다.

음악가 중에는 자신을 훈련한 사람보다 훨씬 뛰어나게 된 사람이 많습니다.

화가 중에는 자신에게 그리고 칠하는 방법을 가르쳐준 사람보다 훨씬 뛰어나게 된 사람이 많습니다. 과학자 중에도 자신을 가르친 과학 교사보다 절대로 탁월했던 것을 아는 사람이 많습니다.

그러나 예수 그리스도의 제자는 자기 스승보다 크게 될 수 없습니다. 그는 무엇이든 예수께서 알지 못하셨던 것을 배울 수는 없습니다. 그는 하나님의 능력으로 가는 지름길을 찾을 수 없습니다. 만약 그가 지름길을 찾으려 한다면, 실망과 슬픔만 만나게 될 뿐입니다. 그의 삶은 파선하고, 그의 사역은 쓸모없게 될 것입니다.

그리스도의 제자는 그 선생 같으면 족합니다.

"제자가 그 선생 같고 종이 그 상전 같으면 족하도다"(마 10:25).

하나님께서 나에게 하신 말씀을 내가 전부 이해할 수 있게 되기 전, 하나님께서는 갑자기 나에게 다시 말씀하셨습니다. 그 말씀은 내가 하나님 앞에서 금식하고 기도하면서 앙망할 때 나에게 주신 계시의 두 번째 단계였습니다.

CHAPTER 03

제자가 그 선생보다 높지 못하나
무릇 온전하게 된 자는
그 선생과 같으리라

두 번째 하나님의 음성

비록 내가 절대로 내 주님보다 높아질 수 없을지라도, 하나님께서 내가 내 주님과 같이 되어야 한다고 말씀하신 것을 깨닫자마자, 첫 번째 메시지에 의해 낮아지고 거의 으스러진 내 영혼은 급작스럽게 영광의 광휘 안에서 들어 올려졌습니다.

"제자가 그 선생보다 높지 못하나 무릇 온전하게 된 자는 그 선생과 같으리라."

누가복음 6장 40절 말씀이었습니다.
이 말씀은 현재 살고 있는 그리스도의 제자들에 대한 것입니다. 이 약속은 나를 가르치고 함양하기 위해서 나에게 들려진 말씀이지만, 성경에서 인용된 것이므로 나 혼자만 적용되는 것이 아니라 이 말씀을 믿을 모든 사람에게 적용되는 것입니다. 이 말씀은 당신을 위한 것입니다. 당신은 병든 사람들을 치유할 수 있습니다. 당신은 기적들이 일어나는 것을 볼 수 있습니다. 당신은 성령의 은사들을 사용할 수 있습니다(고전 12:8-11 참조). 당신은 예수께서 하신 일을 할 수 있습니다. 하나님께서는 당신이 할 수 있다고 말씀하셨습니다. 하나님께서는 거짓말을 하실 수 없습니다.

"하나님은 사람이 아니시니 거짓말을 하지 않으시고 인생이 아니시니 후회가 없으시도다. 어찌 그 말씀하신 바를 행하지 않으시며 하신 말씀을 실행하지 않으시랴"(민 23:19).
"내 언약을 깨뜨리지 아니하고 내 입술에서 낸 것은 변하지 아니하리로다"(시 89:34).

그래서 내가 "온전하게 된 자"가 되면, 곧 주님의 요구사항들에 맞추면, 내 주님과 같이 될 수 있습니다.

하지만 어떤 이들은 "주님은 하나님이시면서 사람이셨습니다. 하지만 우리는 단지 사람일 뿐이기에 그건 불가능합니다."라고 말할 것입니다.

그들은 성경이 명백하게 말씀하는 것에 전혀 무관심합니다.

"이는 확실히 천사들을 붙들어 주려 하심이 아니요 오직 아브라함의 자손을 붙들어 주려 하심이라. 그러므로 그가 범사에 형제들과 같이 되심이 마땅하도다. 이는 하나님의 일에 자비하고 신실한 대제사장이 되어 백성의 죄를 속량하려 하심이라"(히 2:16-17).

"오히려 자기를 비워 종의 형체를 가지사 사람들과 같이 되셨고 사람의 모양으로 나타나사 자기를 낮추시고 죽기까지 복종하셨으니 곧 십자가에 죽으심이라"(빌 2:7-8).

"사람이신 그리스도 예수라"(딤전 2:5).

어느 날 밤, 예수와 그 제자들이 작은 배에 오르자 갈릴리 호수에 큰 태풍이 불었습니다. 제자들은 태풍으로 인하여 죽을까 봐 매우 두려워했습니다.

예수께서는 바람과 파도를 꾸짖으셨고, 즉시 잠잠해졌습니다. 예수와 배에 같이 있었던 사람들은 놀라서 "이이가 어떠한 사람이기에"(마 8:27)라고 말했습니다.

이 질문은 예수의 몇몇 제자가 예수의 약속들을 믿고서 예수께서 그들에게 하라고 말씀하신 대로 세상에 나아가 병든 사람들을 치유하고, 죽은 사람들을 일으키고, 초자연적으로 따르는 표적으로 말씀을 확실히 전파하는 것을 오늘날의 많은 사람이 볼 때에 외치는 소리입니다(막 16:17-18 참조).

많은 사람은 이들을 기이하고 특이한 부류의 사람들로 생각하는 듯합니다. 하지만 이들은 그들이 생각하는 그런 사람들이 아닙니다. 이들은 단지 성령 충만한 평범하고 일반적인 사람들이며, 하나님의 일을 위해서 하나님께 자신들을 드린 사람들입니다. 이들은 자신들이 주님처럼 될 수 있다는 것을 발견한 사람들이며, 그 푯대에 다다르기 위해서 자신들의 삶을 드린 사람들입니다.

루스드라의 사람들은 태어날 때부터 앉은뱅이였던 사람을 바울이 명령하여 치유하는 것을 보았을 때 "신들이 사람의 형상으로 우리 가운데 내려오셨다."(행 14:11)라고 말했습니다. 그런 것을 한 번도 배워본 적이 없는 이방인들이 인간이 그러한 능력을 소유할 수 있다는 것을 알지 못했던 것은 당연합니다.

그러나 많은 그리스도인은 하나님께서 자기 백성에게 공급하신 능력에 대해서 알지 못하는듯합니다. 루스드라의 불쌍한 이방인들이 바울과 바나바가 신들인 줄 생각하여 제사하려고 했을 때, 바울과 바나바는 그들의 제사하는 것을 거절하면서 "우리도 여러분과 같은 성정을 가진 사람이라. 여러분에게 복음을 전하는 것은 이런 헛된 일을 버리고 천지와 바다와 그 가운데 만물을 지으시고 살아 계신 하나님께로 돌아오게 함이라."(행 14:8-15)고 말했습니다.

예수께서는 진실로 하나님이시며 사람이십니다. 그러나 주님께서는 자신의 신성으로 이 땅에 다니시면서 기적들을 행하신 것이 아닙니다. 사람들은 "이이가 어떤 신이시기에" 라는 질문은 자주 부합하지 않습니다. 우리는 주님의 제자들로서 예수의 첫 제자들이 물었던 것을 물어야 할 필요가 있습니다.

"이이가 어떤 사람이기에?"

예수께서 직접 하신 말씀에 의하면, 예수는 성부(여호와), 성자(예수그리스도), 성령으로 구성된 영원한 삼위일체의 한 분이십니다.

주님께서는 세상이 있기 전에 계셨고, 창조 사역에 동참하셨습니다(요 1:1-3 참조). 주님께서는 단지 하나님과 함께 계시고 하나님과 비슷한 분이 아니라, 그 자신이 하나님이십니다. 신성의 모든 속성이 그분에게 있었습니다. 주님께서는 성부와 더불어 전능하시고, 전지하시고, 무소부재하시고, 영원하십니다.

주님께서는 하늘의 하나님 우편에서 영화를 받으시기에 오늘도 이 모든 속성을 가지고 계십니다.

주님께서는 이 땅에서의 치유사역과 기적 행함을 마치시면서 우리의 죄악을 위해 희생이 되실 준비가 되셨을 때 다음과 같은 기도를 드리셨습니다.

"아버지께서 내게 하라고 주신 일을 내가 이루어 아버지를 이 세상에서 영화롭게 하였사오니 아버지여 창세전에 내가 아버지와 함께 가졌던 영화로써 지금도 아버지와 함께 나를 영화롭게 하옵소서"(요 17:4-5).

주님께서 창세전에 가지셨던 영화는 주님께서 현재 가지고 계신 영화입니다.

그러나 그 영화는 주님께서 사람의 육체를 입고 이 땅에 내려오셨을 때 내려놓으신 영화입니다. 주님께서는 한 여자를 통하여 연약한 아기로 태어나셨고, 다른 유대인 남자아기들처럼 할례를 받으셨고, 어린 시절에 지혜와 키가 자라셨고(눅 2:52 참조), 우셨고, 배고프셨고, 목마르셨고, 피곤하셨고, 주무셨고, 걸으셨고, 사람의 혈과 육의 모든 약함과 한계를 경험하셨습니다.

"자녀들은 혈과 육에 속하였으매 그도 또한 같은 모양으로 혈과 육을 함께 지니심은"(히 2:14).
"우리에게 있는 대제사장은 우리의 연약함을 동정하지 못하실 이가 아니요 모든 일에 우리와 똑같이 시험을 받으신 이로되 죄는 없으시니라"(히 4:15).
"그가(주님께서는) 태초에 하나님과 함께 계셨고 만물이 그로 말미암아 지은 바 되었으니 지은 것이 하나도 그가 없이는 된 것이 없느니라"(요 1:2-3).

그렇지만 주님께서는 이 땅에 계실 때에 오늘날 모든 성도에게 주어지지 않을 능력을 사용하신 적이 없습니다. 주님께서는 이와 같은 말씀을 계획적으로 반복하여 말씀하셨습니다.

"무릇 온전하게 된 자는 그 선생과 같으리라"(눅 6:40b)
"아버지께서 나를 세상에 보내신 것 같이 나도 그들을 세상에 보내었고"(요 17:18).
"내가 진실로 진실로 너희에게 이르노니 나를 믿는 자는 내가 하는 일을 그도 할 것이요 또한 그보다 큰일도 하리니 이는 내가 아버지께로 감이라"(요 14:12).

주님께서는 비록 전능하신 하나님이기는 했지만, 이 땅에 사시면서 사역하실 때 "아들이 아버지께서 하시는 일을 보지 않고는 아무 것도 스스로 할 수 없나니"라고 하셨고, "내가 아무 것도 스스로 할 수 없노라."(요 5:19, 30)고 선포하셨습니다.

"내가 너희에게 이르는 말은 스스로 하는 것이 아니라 아버지께서 내 안에 계셔서 그의 일을 하시는 것이라"(요 14:10).

"이이가 어떤 사람이기에?"라는 제자들의 질문에 대한 대답은 주님께서 육체로 우리 가운데 거하시기 전에 사용하셨던 신성의 능력들이나 현재 천국에서 사용하시는 능력으로 말미암지 않습니다. 이에 대한 대답은 오직 주님의 이 땅에서의 삶에서 찾을 수 있습니다. 주님께서는 이 땅에 계시는 동안에 시작하신 일을 세상을 떠나실 때 남겨놓으신 제자들에게 본으로 보이시는 삶을 사셨습니다.

"너희에게 본을 끼쳐 그 자취를 따라오게 하려 하셨느니라"(벧전 2:21).

주님께서는 우리의 스승이시며, 온전하게 된 주님의 제자들인 우리는 우리 주님처럼 될 것입니다. 우리가 받지 않은 능력을 주님께서 사용하신 적이 있다면, 우리가 주님의 본을 따른다는 것은 불가능한 일이 될 것입니다. 그러나 주님께서는 자신이 받았던 능력의 동일한 근원과 동일한 능력을 우리가 받을 것이라는 약속을 우리에게 남겨주셨습니다.

"볼지어다 내가 내 아버지께서 약속하신 것을 너희에게 보내리니 너희는 위로부터 능력으로 입혀질 때까지 이 성에 머물라 하시니라"(눅 24:49).

"오직 성령이 너희에게 임하시면 너희가 권능을 받고 예루살렘과 온 유대와 사마리아와 땅 끝까지 이르러 내 증인이 되리라 하시니라"(행 1:8).

"믿는 자들에게는 이런 표적이 따르리니 곧 그들이 내 이름으로 귀신을 쫓아내며 새 방언을 말하며 뱀을 집어올리며 무슨 독을 마실지라도 해를 받지 아니하며 병든 사람에게 손을 얹은즉 나으리라 하시더라"(막 16:17-18).

"내가 너희에게 뱀과 전갈을 밟으며 원수의 모든 능력을 제어할 권능을 주었으니 너희를 해칠 자가 결코 없으리라"(눅 10:19).

"내가 진실로 진실로 너희에게 이르노니 나를 믿는 자는 내가 하는 일을 그도 할 것이요 또한 그보다 큰일도 하리니 이는 내가 아버지께로 감이라"(요 14:12).

"우리 주 예수 그리스도의 은혜를 너희가 알거니와 부요하신 이로서 너희를 위하여 가난하게 되심은 그의 가난함으로 말미암아 너희를 부요하게 하려 하심이라"(고후 8:9).

주님께서는 이 모든 것을 겉옷을 접듯이 정리하셨고, 자기의 큰 부요와 능력을 내려놓으셨고, 명성 없는 종의 모양으로 이 세상에 오시려 아기로 태어나셨고, 사람들과 같이 되셨습니다(빌 2:7 참조).

전승에 의하면, 주님께서 어린 시절에 기적을 행하셨다고 합니다. 하지만 성경은 주님께서 물로 포도주를 만드시고 "예수께서 이 첫 표적을 갈릴리 가나에서 행하여 그의 영광을 나타내시매 제자들이 그를 믿으니라."(요 2:11)고 분명하게 말씀합니다.

주님께서는 성령이 그 위에 임하시기 전에는 어떠한 기적이나 초인적인 능력을 행하시지 않았습니다(마 3:16-17, 요 1:33 참조).

"하나님이 나사렛 예수에게 성령과 능력을 기름 붓듯 하셨으매 그가 두루 다니시며 선한 일을 행하시고 마귀에게 눌린 모든 사람을 고치셨으니 이는 하나님이 함께 하셨음이라"(행 10:38).

이것이 바로 사람이신 주님께서 보여주신 성공의 비결입니다.

예수는 어떤 사람이었습니까?

그분은 성령과 능력으로 기름 부음을 받은 분입니다. 그리고 하나님께서 함께하신 분입니다.

그러나 예수께서는 모든 면에서 사람이었다는 것을 잊지 마십시오. 주님께서는 사람이 당한 모든 시험을 당하시고 승리하신 분이십니다. 비록 하나님으로서 무소부재하신 분이셨지만, 한 번에 한 장소에만 계실 수 있던 사람이셨습니다. 비록 졸지도 주무시지도 않는 하나님이셨지만(시 121:4 참조), 피곤을 느끼셨고(요 4:6 참조), 잠이 필요하셨습니다(마 8:24 참조). 주님께서는 뜨겁고 지치고 먼지투성이의 발로 이 마을에서 저 마을로 다니셔야 했습니다. 주님의 여행의 비율은 걸음 속도에 제한되었습니다. 천국에서 황금 길을 거니시던 티 하나 없이 깔끔한 주님의 발은 포장되지 않아 먼지 이는 동양의 거리들과 팔레스타인의 오솔길들의 먼지와 돌에 의해 때 묻고 멍들었습니다.

주님께서 길을 행하셨을 때 주님을 섬기려고 자기 집으로 모셨던 한 사람이 식사 전에 전례를 따라 발 씻을 물을 가져다주자 주님께서 얼마나 상쾌해 하시며 기뻐하셨던가요? 주님께서는 배고픔과 목마름과 외로움과 피곤함과 고통을 겪으셨습니다.

"이는 삼림의 짐승들과 뭇 산의 가축이 다 내 것이며… 세계와 거기에 충만한 것이 내 것임이로다."(시 50:10,12)라고 말씀하셨던 분께서 사람으로 오셔서 이 모든 것의 단 하나도 요구하시지 않으셨고, 여우들과 새들보다 가난하게 되셨는데, 이는 주님께서 머리 두실 곳이 없을 정도였기 때문입니다(눅 9:58 참조).

주님께서는 이 모든 것을 우리를 위해서 기꺼이 하셨는데, 이는 우리가 주님의 영광의 풍성함에 참여하게 하기 위함이었습니다.

사탄이 광야에서 주님을 시험했을 때(마 4:3-4 참조), 첫 시험은 주님께서 하나님의 영원하신 아들의 창조 능력을 활용하여 주린 배를 채우라는 것이었습니다. 만약 주님께서 그렇게 하셨더라면, 모든 것에서 자기 "형제들과 같이 되시는 것"(히 2:17)을 실패하셨을 것입니다. 만약 할 수만 있었다면, 예수의 이 점을 망치게 하는 것이 사탄이 가진 중요한 계획이었습니다. 그러나 예수께서는 시험에 넘어지지 않으셨습니다. 주님의 대답에는 신성의 전제가 없었습니다. 주님께서는 사람으로서 확고히 대답하셨습니다.

"사람이 떡으로만 살 것이 아니요 하나님의 입으로부터 나오는 모든 말씀으로 살 것이라 하였느니라"(마 4:4).

주님께서는 자신을 "사람의 아들"(인자)라고 일컫기를 좋아하셨습니다.

예수께서는 우리에게 올바른 본을 보이시기 위해서 우리의 본성과 한계를 스스로 지셨다는 것을 성경은 매우 명백하게 말씀합니다. 우리는 예수의 본을 주의 깊게 연구할 필요가 있습니다.

우리는 "여러분은 어떤 사람이 되어야 하겠습니까? 거룩하고 경건하게 살아야 하지 않겠습니까?"(벧후 3:11 쉬운성경)라는 질문을 숙고하면서 주님의 본을 신중하게 연구해야 할 필요가 있습니다.

주님께서는 능력의 사람이셨습니다. 주님께서는 권세 있는 사람처럼 말씀하셨습니다(막 1:22 참조). 그 당시의 종교 지도자들은 전통과 이론과 신학적 설명으로 사람들을 가르쳤지만, 예수의 능력에 대해서 아는 것이 없었으므로, 사람들은 예수의 능력을 보고서 놀랐습니다.

예수께서는 종교 지도자들의 좋은 교리들에 의해 그어진 선을 넘으셨고, 권세 있는 말씀으로 귀신들과 질병과 약한 것들을 내쫓으셨습니다.

주님께서 말씀하시면 그대로 이루어졌습니다. 주님께서는 권세를 가지셨으므로 권세 있는 자처럼 말씀하셨습니다. 전통적인 종교 지도자들은 주님께서 말씀하시는 것처럼 말하지 않았습니다. 왜냐하면, 그들은 원수의 능력을 제어할 권세를 받은 적이 없기 때문입니다.

오늘날의 수다한 종교지도자들이 서기관들과 바리새인들처럼 말하고 있습니다. 자기가 주님처럼 말하는 사람들은 권세 있는 말을 합니다. 그 권세는 그리스도께서 이 땅에 계실 때에 사용하셨던 것이었습니다. 주님께서는 그 권세를 아버지에게서 받으셨습니다(요 5:27 참조).

주님께서는 아버지의 이름으로 오셨으며(요 5:43 참조), 자기 아버지의 일을 하실 합법적인 대리인이셨습니다.

"나를 보내신 이의 일을 우리가 하여야 하리라"(요 9:4).

주님께서는 이 땅에 계시는 동안에 제자들을 선택하셨습니다. 처음에는 열두 제자를 선택하셨고(눅 9:1 참조), 다음으로는 칠십 제자를 선택하셨습니다(눅 10:1,19 참조). 주님께서는 그들을 자신의 "대리인들"로 임명하시면서 자신이 사용한 보혜사의 능력과 동일한 것을 그들에게 주셨습니다.

"칠십 인이 기뻐하며 돌아와 이르되 주여 주의 이름이면 귀신들도 우리에게 항복하더이다"(눅 10:17).

따라서 그들은 주님의 직접적인 지도를 받으면서 예수께서 아버지께로 돌아가실 시기가 올 때 "예수께서 행하시며 가르치시기 시작하신 것"(행 1:1)을 추진하도록 훈련받았던 것입니다.

예수께서는 이제 아버지께로 돌아가셨고, 아버지 우편에 앉으셨고, 자신이 고난과 희생을 통해 시작하신 일이 계속 진행되는 것을 멈추게 할 계획을 세우지 않으셨습니다. 승천하시기 전, 주님께서는 자기 일을 이어가라고 제자들에게 명령하시면서 권세를 주셨습니다. 주님을 믿는 사람들은 주님의 대리인들로 세움을 받았고, 주님께서 지금 육체로 이 땅에 계신다면 하셨을 모든 일을 예수 이름(주님의 권세, 곧 보혜사의 능력)으로 하도록 명령하셨습니다.

"믿는 자들에게는 이런 표적이 따르리니 곧 그들이 내 이름으로 귀신을 쫓아내며 새 방언을 말하며 뱀을 집어 올리며(하나님을 시험하는 행위가 아니라 바울이 경험했던 사건과 같은 일이 벌어질 때, 행 28:3-5) 무슨 독을 마실지라도 해를 받지 아니하며 병든 사람에게 손을 얹은즉 나으리라 하시더라"(막 16:17-18).

"너희가 내 이름으로 무엇을 구하든지 내가 행하리니 이는 아버지로 하여금 아들로 말미암아 영광을 받으시게 하려 함이라"(요 14:13).

주님께서 성도들을 온전하게 하시고, 사역을 하게 하시고, 그리스도의 몸인 교회를 세우기 위해서 교회에 주신 은사들(엡 4:8-12 참조)은 예수께서 이 땅에 육체로 계시는 동안에 행하셨던 모든 크고 강력한 것들을 다 포함합니다(고전 12:7-11 참조).

주님께서는 자신이 승천하실 때 이 능력이 세상에서 없어질 것이라고 암시나 직접 진술로 가르치신 적이 없습니다. 오히려 제자들에게 마지막 명령을 하셨을 때 다음과 같이 말씀하셨습니다.

"하늘과 땅의 모든 권세를 내게 주셨으니 그러므로 너희는 가서(이 능력이 주님의 것이며, 또한 주님을 통해 우리의 것이 되었기 때문에, (눅 24:49, 행 1:8 참조) 모든 민족을 제자로 삼아 아버지와 아들과 성령의 이름으로 세례를 베풀고 내가 너희에게 분부한 모든 것(병든 자를 고치며 죽은 자를 살리며 나병환자를 깨끗하게 하며 귀신을 쫓아내되 너희가 거저 받았으니 거저 주라, 마 10:8 참조)을 가르쳐 지키게 하라. 볼지어다 내가 세상 끝 날까지 너희와 항상 함께 있으리라"(마 28:18-20).

성령의 기름 부음을 받은(행 2:4 참조) 제자들이 "나가 두루 전파할새 주께서 함께 역사하사 그 따르는 표적으로 말씀을 확실히 증언하셨습니다"(막 16:20).

하나님께서 예수(행 10:38 참조)와 제자들(막 16:20 참조)과 함께 계셨고, 예수께서 말씀하신 바와 같이 "세상 끝 날까지"(마 28:20) 함께하실 것이기에 성령의 기름 부음을 받은 사람들, 곧 하나님께서 그들과 함께하시는 사람들을 통해서 예수께서 하신 일들이 계속 이어질 것입니다.

제자는 자기 스승보다 높아져서는 안 됩니다. 하지만 그는 자기 스승처럼 되어야 합니다!

그러나 우리가 주님께서 가지셨던 능력을 받아야 하는 것처럼, 주님의 거룩하심과 헌신과 온유하심과 긍휼하심도 닮아야 합니다. 우리는 하나님 아버지께 기도드리고 교제하면서 주님처럼 되어야 합니다. 우리는 주님의 믿음을 닮아야 합니다. 우리는 주님께서 금식과 자기부인을 하셨던 것을 닮아야 합니다. 만약 종이 기도의 대가를 지급하지 않은 채로 주님과 같은 능력을 얻는 것이 가능하다면, 그 종은 자기 주님보다 높은 사람이 될 것입니다.

하나님께서 인류에게 제공하시는 모든 것은 지불해야 할 값이 있습니다. 어떤 의미에서는, 이 모든 것은 거저입니다. 하지만 그 능력에는 순종과 준비를 해야 하는 대가가 따릅니다. 심지어 우리의 값없는 구원도 회개하고 주 예수 그리스도를 믿으라는 하나님의 경고를 듣고 행했을 때에 비로소 우리의 것이 되었습니다.

"성령의 은사"는 우리가 주님을 순종할 때에 우리의 것이 되었습니다(행 5:32). "무릇 온전하게 된 자는 그 선생과 같으리라."(눅 6:40)고 하신 주님의 요구를 충족시키는 사람들에게 예수께서 소유하셨던 하나님의 능력이 임할 것입니다.

CHAPTER 04

하늘에 계신 너희 아버지의
온전하심과 같이
너희도 온전하라

세 번째 하나님의 음성

　이 말씀은 하나님께서 이미 말씀하신 것들보다 더 깜짝 놀라게 하는 듯했습니다. 이 말씀은 정말로 너무한 것이었습니다. 도대체 어떤 사람이 온전해질 수 있었겠습니까? 하지만 하나님께서는 내가 할 수 없는 것을 나에게 하라고 요구하시지는 않을 것입니다. 이 말씀은 하나님의 음성이었습니다. 나는 내 하늘 아버지의 떡을 구했습니다. 그리고 하나님께서 나에게 돌을 주시지 않는다는 것을 알았습니다. 내가 이 말씀도 성경에 있다는 것을 알았을 때 내 영혼이 얼마나 황홀했는지 모릅니다.

　나는 이 말씀을 마태복음 5장 48절에서 발견했습니다. 이 말씀은 그리스도께서 직접 하신 명령이었습니다. 나에게만 하신 것이 아니라 "하늘에 계신 아버지의 아들이 될"(45절) 모든 사람에게 하신 것입니다. 온전함은 그리스도께서 모든 그리스도인을 위해 정하신 푯대입니다. 모든 그리스도인이 이 푯대에 도달한 것은 아닙니다. 자신이 온전하게 되었다 해서 자랑할 수 있는 자격을 가진 그리스도인은 없습니다. 위대한 사도 바울도 "내가 이미 얻었다 함도 아니요 '온전히 이루었다' 함도 아니라 오직 내가 그리스도 예수께 잡힌바 된 그것을 잡으려고 달려가노라"(빌 3:12) 하고 선포했습니다.

주님의 이름에 합당한 그리스도인은 온전함보다 덜한 것에 만족하지 않을 것입니다. 그리스도인은 자신의 온전하지 않음을 변명해서는 안 됩니다. 그는 온전하지 않음을 그리스도의 명령에 불순종한 것이라고 여겨야 하며, 불순종을 극복하려고 열심히 분투해야 합니다. 온전함이 곧 푯대입니다!

나는 그리스도 외에는 온전한 사람이 없었다고 가르침 받은 사람들을 위해, 하나님께서 몇 사람을 온전하다고 칭하셨다는 것을 언급해야 할 것입니다. 그들은 자신들이 온전하다고 스스로 주장하지 않았습니다. 하나님께서 그들이 온전하다고 선포하신 것입니다.

첫째로, 성경에서 가장 오래된 책인 욥기의 주인공인 욥이 온전한 사람이었습니다. 그의 친구들은 그가 온전하다고 생각하지 않았습니다. 그들은 욥이 위선자라고 비난했습니다(욥 8:6,13 참조).

사탄은 그가 온전하다고 생각하지 않았습니다. 사탄은 하나님께서 그에게 주신 물질 축복 때문에 하나님을 섬기는 것이라고 비난했습니다.

욥 자신은 자신이 온전하지 않다는 것을 인정하기를 주저하지 않았습니다. 그는 "내가 스스로 거두어들이고 티끌과 재 가운데에서 회개하나이다."(욥 42:6)라고 선포했습니다. 그러나 사탄이 여호와 앞에서 욥을 비난할 때, 하나님께서는 "네가 내 종 욥을 주의하여 보았느냐 그와 같이 '온전하고 정직하여'"(욥 1:8)라고 말씀하셨습니다. 그리고 하나님께서는 이 구절을 읽을 모든 사람을 위해서 인간의 온전함의 정의를 덧붙이셨습니다. "하나님을 경외하며 악에서 떠난 자는 세상에 없느니라."

수다한 사람이 온전함의 가능성에 대한 가르침에 이의를 제기합니다. 그들은 지금껏 온전한 사람을 본 적이 없다는 것을 근거로 그렇게 말하는 것입니다. 하나님께서는 욥의 시대에 오직 한 사람만이 온전했다고 선포하셨습니다. 또한, 노아 시대에도 온전한 사람이 하나밖에 없었습니다. 하나님께서는 노아가 온전하다고 선포하셨습니다.

"이것이 노아의 족보니라. 노아는 의인이요 당대에 '완전한 자'라 그는 하나님과 동행하였으며"(창 6:9).

어떤 사람들은 온전하게 되는 사람은 에녹처럼 곧바로 데

려감을 받을 것이라고 말합니다. 그들은 에녹이 "세상에 있지 않기" 전에 적어도 300년을 "하나님과 동행했다."(창 5:22)는 것과 "옮겨지기 전에 하나님을 기쁘시게 하는 자라 하는 증거를 받았다."(히 11:5)라고 선포하는 성경 말씀을 부주의하게 무시합니다.

이 모든 구약의 성도들은 율법이 오기 전에도 온전했습니다. 그들 중 누구도 신적이거나 초인적으로 온전한 것이 아니었습니다. 그들은 우리처럼 성정을 가진 사람들이었습니다. 하지만 그들은 하나님을 알고 경외했으며, 하나님의 명령들을 지켰으며, 유사 이래 가장 악한 시대들에 살던 우상숭배자들 가운데서 넘쳐나는 악을 신중하게 피했습니다.

율법 아래서도 온전하게 될 수 있을까요?

모세는 이스라엘 온 회중에게 하나님의 메시지를 전하면서 "너는 네 하나님 여호와 앞에서 완전하라."(신 18:13)고 선포했습니다.

사람은 때로 하나님보다 더 비판적입니다. 미리암과 아론이 모세를 대적하여 불평했을 때, 하나님께서는 모세를 따로 세우시고서 구름 기둥 가운데서 그들에게 말씀하셨습니다.

"그는 내 온 집에 충성함이라."(민 12:7)

이 구절이 "온전함"이라는 단어를 사용하지 않지만, 이것은 욥기 1장 8절에 기록된 온전함의 정의를 충족하고 있음이 분명합니다.

다윗은 감동적인 시편 중 하나를 통해 온전함이 가능하다고 선포했습니다.

"내가 완전한 길을 주목하오리니 주께서 어느 때나 내게 임하시겠나이까? 내가 완전한 마음으로 내 집 안에서 행하리이다"(시 101:2).

이 사람들을 비롯하여 다른 많은 사람(다니엘과 요셉과 아브라함과 엘리야와 엘리사 등)은 현재 우리가 가지고 있는 이점 중 다수가 없던 시대에 거룩함(온전함)의 삶을 살았습니다. 하나님께서는 신약의 교회에 완성된 성경을 주셨습니다.

"모든 성경은 하나님의 감동으로 된 것으로 교훈과 책망과 바르게 함과 의로 교육하기에 유익하니 이는 하나님의 사람으로 '온전하게' 하며 모든 선한 일을 행할 능력을 갖추게 하려 함이라"(딤후 3:16-17).

우리 시대가 오기 전에는 그리스도께서 전파되지 않았습

니다.

> "우리가 그를 전파하여 각 사람을 권하고 모든 지혜로 각 사람을 가르침은 각 사람을 그리스도 안에서 '완전한 자'로 세우려 함이니"(골 1:28).
>
> "그리스도께서 자기의 신약 교회에 사도와 선지자와 전도자와 목사와 교사를 주신 것은 "성도를 온전하게 하여 봉사의 일을 하게하며 그리스도의 몸을 세우려 하심입니다"(엡 4:11-12).

구약 시대의 그들에게는 우리 가운데 계속 거하시는 보혜사요, 스승이요, 인도자(요 14:26 참조)이신 성령이 영광스럽게 임하시지 않았습니다. 그러나 우리에게는 성령이 선물로 주어졌습니다.

> "하나님이 자기에게 순종하는 사람들에게 주신 성령도 그러하니라"(행 5:32).

우리는 이 모든 것이 주어지기 전에 살던 사람들보다 온전하게 되기가 얼마나 더 쉽겠습니까?

하나님께서는 우리에게 "하나님의 성전과 우상이 어찌 일치가 되리요? 우리는 살아 계신 하나님의 성전이라. 이와 같이 하나님께서 이르시되 내가 그들 가운데 거하며 두루 행하여 나는 그들의 하나님이 되고 그들은 나의 백성이 되리라. 그러므로 너희는 그들 중에서 나와서 따로 있고 부정한 것을 만지지 말라. 내가 너희를 영접하여 너희에게 아버지가 되고 너희는 내게 자녀가 되리.라 전능하신 주의 말씀이니라 하셨느니라. 그런즉 사랑하는 자들아 이 약속을 가진 우리는 하나님을 두려워하는 가운데서 '거룩함을 온전히 이루어' 육과 영의 '온갖' 더러운 것에서 자신을 깨끗하게 하자."(고후 6:16-7:1)라고 말씀하십니다.

이 약속들은 우리의 것입니다. 우리는 온갖 더러운 것에서 자신을 깨끗하게 할 수 있습니다. 우리는 하나님을 두려워하는 가운데서 거룩함을 온전히 이룰 수 있습니다. 우리는 욥처럼 하나님을 경외하고, 악을 떠나고, 하나님 앞에서 온전하게 될 수 있습니다.

이것은 "새로운 것"이 아닙니다. 완전성화의 교리는 교회사 전반에 걸쳐서 그리스도의 뛰어난 다수의 종에 의해서 가르쳐졌으며, 다수의 주요 교단에 의해 건전한 교리로 받아들여졌습니다. 이 책은 작은 책이기에 지면 관계상 근본적인 진리를 많이 인용하기는 어렵습니다. 다만, 나는 여기에 하나만 인용할 것인데, 이 구절은 하나님의 성회 총회헌법에

기록된 것입니다. (회의록과 헌법, 1949년 개정, 38쪽, 제9부)

완전성화

성경은 거룩함이 없으면 사람이 주를 보지 못할 것이라고 말씀하면서 거룩한 삶을 가르치고 있습니다. 우리는 성령의 능력으로 "내가 거룩하니 너희도 거룩하라." 하신 명령을 순종할 수 있습니다. 완전성화는 모든 성도를 향한 하나님의 뜻이며, 하나님의 말씀을 순종하고 행하여 열심으로 이루어야 할 것입니다(히 12:14; 벧전 1:15-16; 살전 5:23-24; 요일 2:6 참조).

당신이 이것을 온전함이나 거룩함이나 완전성화 중 무엇이라 부르든 상관없습니다. 이것은 단지 가능한 것이 아니고, 단지 우리의 특권이 아니고, 하나님의 명령입니다.

> **"오직 너희를 부르신 거룩한 이처럼 너희도 모든 행실에 거룩한 자가 되라"**(벧전 1:15).
> **"그러므로 하늘에 계신 너희 아버지의 온전하심과 같이 너희도 온전하라"**(마 5:48).

당신은 "저는 당신이 온전하게 될 수 없다는 것과 온전하게 되려는 노력은 쓸모없는 것이라고 말하는 그리스도인과 목회자를 많이 알고 있습니다."라고 말할 것입니다.

우리도 그런 사람들을 알고 있습니다. 그들은 병든 사람들을 고치거나 귀신들을 쫓아내지 않습니다. 죄는 마귀가 당신의 삶으로 들어가는 교두보입니다. 당신이 원한다면, 마귀로 하여금 교두보를 장악하도록 하십시오. 그리하면 마귀가 당신의 힘을 강탈할 것입니다.

예수께서는 마귀로 하여금 자기의 삶에 교두보를 유지하도록 허락하시지 않았습니다. 주님께서는 십자가에 못 박히시기 바로 전에 "이 후에는 내가 너희와 말을 많이 하지 아니하리니 이 세상의 임금이 오겠음이라. 그러나 그는 내게 '관계할 것이 없으니'"(요 14:30)라고 말씀하셨습니다. 사탄이 주님에게 관계할 것이 없었으므로, 주님께서는 이 세상에 오셔서 하셔야 할 일을 완성하실 능력을 가지고 있었던 것입니다. 주님께서는 사탄이 이용할 어떤 사소한 죄나 방종의 교두보도 없었습니다.

주님을 따르는 우리는 우리 삶의 영역이 사탄의 교두보들로부터 안전하게 만들라고 하는 충고를 들었습니다.

"마귀에게 틈을 주지 말라"(엡 4:27).

당신으로 하여금 사탄의 은신처들과 가설 활주로들로부터 완전히 자유로운 삶을 기대할 수 없다고 생각하게 하는 것은 사탄의 사역입니다. 만약 사탄이 자신이 일할 수 있는 자리를 당신으로 하여금 내어주도록 할 수 있다면, 그는 당신이 하나님을 위해 하는 모든 수고를 방해하고 당신이 고대했던 능력을 빼앗아갈 수 있습니다. 하나님께서 당신에게 주신 사역은 미완성된 채로 남아 있게 될 것입니다. 병든 사람들은 고침 받지 못할 것이며, 사로잡힌 자들은 놓임 받지 못할 것입니다. 당신이 귀신들을 쫓아내려고 시도하면, 귀신들은 당신의 얼굴에 대고 비웃을 것이며, "너는 우리로 하여금 네 삶에 머물도록 하고서, 이제 와서 다른 귀신들에게서 우리를 분리하려고 하는구나!"라고 말할 것입니다.

귀신들은 그리스도의 능력을 알고, 그리스도께서 그리스도인에게 충만하게 하신 능력이 얼마나 두려운 것인지를 압니다. 그러나 그들은 거룩하지 않은 사람에게는 두려움을 품지 않습니다.

유대인이면서 제사장들의 우두머리였던 스게와의 일곱 아들은 바울이 사용한 말들을 똑같이 사용하여 귀신들린 사람에게서 예수의 이름으로 귀신들이 나오라고 명령했습니다. 하지만 그들은 바울이 가졌던 거룩함과 성별의 배경을 가져야 한다는 마음이 없었습니다(행 19:13-15 참조). 악귀는 "예수도 알고 바울도 알거니와 너희는 누구냐?"라고 대답하여 일렀습니다. 그리고 악귀 들린 사람이 그들에게 뛰어올라

눌러 이기자, 그들이 상하여 벗은 몸으로 도망했습니다. 그들은 거룩함이 필요하다는 것을 생각하지 못했습니다. 그들은 하나님의 역동적인 기적의 능력을 사용하기 위해서는 거룩함이 간과될 수 없다는 것을 슬픔 가운데 발견했습니다.

축귀사역 시에 항상 매우 직접적이고 난폭하게 반응이 일어나는 것은 아닙니다. "돌아다니며 마술하는 어떤 유대인들"도 이런 일을 했지만, 귀신들이 이렇게 난폭한 반응을 한 것은 그때가 처음이었습니다. 그러나 유대인들은 귀신을 쫓는 것을 한 번도 성공한 적이 없습니다. 귀신들은 오로지 그리스도의 능력, 또는 그리스도로 충만한 사람 앞에서만 도망합니다. 거룩함이 없이는 하나님의 능력을 받을 방법이 없는데, 이는 예수께서 "무릇 온전하게 된 자는 그 선생과 같으리라."(눅 6:40)고 말씀하셨기 때문입니다.

우리는 온전함에 대해서 많은 말을 할 수 있습니다. 그리고 "내가 거룩하니 너희도 거룩할지어다."(벧전 1:16)라고 하신 하나님의 명령을 순종하는 것에 대한 가능성을 논의하는 내용으로 한 권의 책을 쉽게 쓸 수도 있습니다.

진리에 굶주리고 예수께서 자기를 따르는 사람들에게 약속하신 능력 곧 하나님의 기적 행하는 능력을 간절히 원하는 사람의 눈을 여는 말은 충분히 발언 되었습니다. 그러나 거룩함이 가능하다는 것을 아는 것만으로는 충분하지 않습니다.

당신은 그 거룩함을 얻을 방법을 알기를 원하고 있습니다.

모든 그리스도인이 그 푯대에 다다른 것이 아닙니다. 그리스도를 따르는 모든 사람이 주님께서 약속하신 능력을 소유하고 있는 것이 아닙니다. 선택 받은 열두 제자는 병든 사람을 많이 고치고, 예수의 이름으로 많은 귀신을 쫓아낸 경험이 있었지만, 어느 날 그들의 명령을 듣고서도 나가기를 거부했던 귀신을 만나게 되었습니다(마 17:15). 예수께서 그 귀신을 쫓아내셨을 때, 제자들은 자신들이 그것을 쫓아낼 수 없었던 이유를 물어보았습니다. 예수께서는 제자들의 불신과 및 금식과 기도가 부족한 것이 그 이유라고 말씀하셨습니다. 이 선택 받은 열두 제자는 그때 성령의 열매가 별로 없다는 것이 드러났으며, 교만(막 10:37)과 질투(막 10:41)와 분노(마 26:51)와 같은 육체의 일을 보여주었습니다.

"그들은 기도해야 할 때 잠잤으며"(마 26:40), "주님께서 시련 당하실 때 주님 곁을 떠났습니다"(50절). 그들은 하나님의 계획을 분별하지 못했고, 예수께서 죽임을 당할 것이라고 제자들에게 말씀하신 것을 듣고서 예수를 꾸짖었습니다. 그래서 예수께시는 그들 중 하나에게 "사탄아 내 뒤로 물러가라. 너는 나를 넘어지게 하는 자로다. 네가 하나님의 일을 생각하지 아니하고 도리어 사람의 일을 생각하는도다."(마 16:23)라고 말씀하셨습니다. 이 사람들은 온전함에 이르지 못했습니다.

그러나 그들은 온전하게 되기를 학수고대했으며, 하나님의 약속들을 얻고자 부지런히 일했으며, 하나님께서는 그들을 존중하셨고, 그의 하나님이라 일컬어지는 것을 부끄러워하시지 않았습니다.

당신이 온전함을 얻지 못했다고 해서 절망하지 마십시오. 예수의 재림 시에 그 얼굴을 뵈면 궁극적인 온전함이 이루어지게 됩니다. 은혜 안에는 성장이 있습니다. 그 성장은 온전함으로 가는 것이며, 우리가 육체에 머무는 동안에 계속 이어져야 하는 것입니다. 우리의 온전함은 나무의 열매와 비유될 수 있습니다. 사과는 비록 매우 작기는 하지만, 꽃봉오리가 나타나는 때부터 온전하질 수 있습니다. 사과는 크기와 색상과 맛 때문에 선택 받는 것이 아닙니다. 그것이 현재 어떤 상태이든지, 그것은 온전한 것입니다. 사과나무는 태양이 비치고 비가 내리고 열기와 추위가 몰려오는 가운데 서리와 질병으로부터 보호받고 자양분을 공급받아서 하나의 완전한 푸른 사과나무로 성장하여 크고 예쁘고 풍성하고 완숙한 과실을 맺게 됩니다.

바울은 "설익은" 온전함에 대해서 빌립보서 3장 15절에서 언급했습니다. "우리 온전히 이룬 자들(바울도 포함됨)은 이렇게 생각할지니." 바울은 세 구절 전에 "내가 이미 얻었다 함도 아니요 온전히 이루었다 함도 아니라."(빌 3:12)고 말했습니다. 그는 여기에서 완전히 익은 열매의 궁극적인 온전함에 대해서 말한 것입니다. 그것은 죽은 자들이 부활할 때 완성되는 온전함입니다.

바울은 자신이 이미 얻은 온전함에 무관심했던 것이 아닙니다. 그는 진정한 그리스도인의 심령으로 그 상태에 머무는 것에 만족하지 못했던 것입니다. 그리고 비록 그는 자신이 온전하다고 주장하지 않았지만, "오직 내가 그리스도 예수께 잡힌바 된 그것을 잡으려고 달려가노라 형제들아 나는 아직 내가 잡은 줄로 여기지 아니하고 오직 한 일 즉 뒤에 있는 것은 잊어버리고 앞에 있는 것을 잡으려고 푯대를 향하여 그리스도 예수 안에서 하나님이 위에서 부르신 부름의 상을 위하여 달려가노라."(빌 3:12-14)고 선포했습니다.

최후의 온전함으로 가는 길에는 머물 장소가 없습니다. 비록 미숙한 그리스도인이 하나님의 눈에 온전하게 보일지라도, 그가 성장하기를 멈추려 할 때 자신이 온전하게 되는 것을 그만둘 것입니다. 푸른 사과 열매가 성장을 멈출 때, 그것은 곧 시들어 나무에서 떨어질 것입니다. 우리는 온전함을 얻기 위해 계속 노력해야 합니다.

성장은 양식을 통해서 유지됩니다.

"갓난 아기들 같이 순전하고 신령한 젖(성경 말씀)을 사모하라 이는 그로 말미암아 너희로 구원에 이르도록 자라게 하려 함이라"(벧전 2:2).

우리가 "구주 예수 그리스도의 은혜와 그를 아는 지식에서"(벧후 3:18) 자라가기 위해서는 하나님의 말씀에 대한 선한 욕구가 필요합니다. 하나님의 말씀에 대한 진정한 사랑은 현재의 온전함의 일부이며, 예수께서 오실 때 최후의 온전함으로 향하여 가게 하는 수단입니다.

"모든 성경은 하나님의 감동으로 된 것으로 교훈과 책망과 바르게 함과 의로 교육하기에 유익하니 이는 하나님의 사람으로 온전하게 하며 모든 선한 일을 행할 능력을 갖추게 하려 함이라"(딤후 3:16-17).

하나님의 말씀을 읽을 시간은 없지만, 만화책과 잡지와 소설을 볼 시간이 넘쳐나는 사람들이 많습니다. 그들은 성경을 연구할 시간이 없을 정도로 매우 바쁩니다. 그들이 성장하지 않는 것은 이상한 일이 아닙니다. 그들이 병든 사람들을 고치고, 귀신들을 쫓아낼 능력이 없는 것은 이상한 일이 아닙니다. 그들이 온전하지 않고, 온전하게 되려고 기대하지도 않는 것은 이상한 일이 아닙니다. 그들은 제대로 된 음식으로 자신들의 영혼을 먹이지 않습니다.

"오직 우리 주 곧 구주 예수 그리스도의 은혜와 그를 아는 지식에서 자라 가라"(벧후 3:18).

이 지식은 하나님의 말씀을 연구하는 데서 옵니다. 하나님의 말씀을 많이 읽으십시오. 그리고 그 말씀을 당신에게 주시는 하나님의 계시처럼 읽으십시오.

말씀을 읽으면서 그 말씀을 믿으십시오. 이 말씀은 거짓말을 못하시는 분의 말씀입니다. 그분께서 하신 말씀은 정확히 그것을 의미합니다.

충분한 보호가 그리스도 안에 거하는 사람들을 위해 예비되었습니다. 우리가 당하는 시험이 무엇이든지, 우리는 죄를 지을 필요가 없습니다.

"오직 하나님은 미쁘사 너희가 감당하지 못할 시험 당함을 허락하지 아니하시고 시험 당할 즈음에 또한 피할 길을 내사 너희로 능히 감당하게 하시느니라"(고전 10:13).
"너희 안에서 착한 일을 시작하신 이가 그리스도 예수의 날까지 이루실 줄을 우리는 확신하노라"(빌 1:6).

"주는 미쁘사 너희를 굳건하게 하시고 악한 자에게서 지키시리라"(살후 3:3).

"능히 너희를 보호하사 거침이 없게 하시고 너희로 그 영광 앞에 흠이 없이 기쁨으로 서게 하실 이"(유 24).

할렐루야! 우리는 하나님의 보호하심을 받고 죄를 이기는 삶을 살 수 있습니다.

우리는 사탄의 방법들을 알고 있습니다. 사탄도 성경을 인용합니다. 사탄이 마태복음 26장 11절의 하반절을 인용해서 불온전한 그리스도인을 위로하기 위해 얼마나 신속히 오는지 모릅니다.

"마음에는 원이로되 육신이 약하도다." 이 부분은 이 구절의 상반절을 제외하고 인용해서는 절대로 안 됩니다.

"시험에 들지 않게 깨어 기도하라." 따라서 우리는 육체의 약함을 극복할 수 있습니다.

"너희는 성령을 따라 행하라. 그리하면 육체의 욕심을 이루지 아니하리라"(갈 5:16).

"육체의 일은 분명하니 곧 음행과 더러운 것과 호색과 우상 숭배와 주술과 원수 맺는 것과 분쟁과 시기와 분냄과 당 짓는 것과 분열함과 이단과 투기와 술 취함과 방탕함과 또 그와 같은 것들이라 전에 너희에게 경계한 것 같이 경계하노니 이런 일을 하는 자들은 '하나님의 나라를 유업으로 받지 못할 것이요'"(갈 5:19-21).

"육신의 생각은 사망이요"(롬 8:6).

원하거든, 육체의 약함 뒤에 숨으십시오. 하지만 하나님께서 말씀하신 결과에 대해서는 간과하지 마십시오. 사탄이 성경을 인용할 때도 사탄의 제안을 받아들이지 마십시오.

"마귀를 대적하라 그리하면 너희를 피하리라"(약 4:7).

당신은 온전하게 될 수 있습니다. 하나님께서 그렇게 될 수 있다고 말씀하십니다. 오직 사탄이 그렇게 될 수 없다고 말하고 있는 것입니다.

하나님께서는 말씀 안에서 당신에게 양식을 예비하셨고, 하나님의 영으로 당신을 보호하시며, 그의 교회 안에서 당신이 온전하게 되도록 강력한 천사의 무리를 보내셨습니다. 주님께서는 마지막 때에 교회가 봉사의 일을 하게 하시기 위해서 다음과 같은 사람들을 주셨습니다.

"그가 어떤 사람은 사도로, 어떤 사람은 선지자로, 어떤 사람은 복음 전하는 자로, 어떤 사람은 목사와 교사로 삼으셨으니 이는 성도를 '온전하게' 하여"(엡 4:11-12).

당신이 "모이기를 폐하는 어떤 사람들의 습관과 같이 하지 말라."(히 10:25)고 하신 하나님의 권고에 순종하지 않는데 하나님께서 당신에게 요구하시는 온전함을 얻을 것으로 생각하지 마십시오.

좋은 교회를 찾으십시오. 하나님의 말씀이 가르쳐지고 믿어지는 교회, 하나님의 능력이 나타나고 환영받는 교회, 하나님께서 따르는 표적으로 자기의 말씀을 확실히 증언하시는 교회, 하나님의 백성이 "오직 바른 교훈에 합당한 것을 말하는 교회"(딛 2:1)를 찾으십시오.

그리고 하나님과 그 백성이 만날 때마다 행함이 있도록 하십시오. 당신은 하나님께서 교회에 주신 사역 은사들을 통해서 온전하게 될 수 있습니다. 당신의 성령 충만한 교회에서 이루어지는 모든 봉사는 하나님께서 당신을 온전하게 만드시기 위해 계획하신 것입니다.

인내도 온전해져야 할 것 중 하나입니다.

"인내를 온전히 이루라 이는 너희로 온전하고 구비하여 조금도 부족함이 없게 하려 함이라"(약 1:4).

혀도 중요한 역할을 합니다.

"우리가 다 실수가 많으니 만일 말에 실수가 없는 자라면 곧 온전한 사람이라 능히 온 몸도 굴레 씌우리라"(약 3:2).
"이 모든 것 위에 사랑을 더하라. 이는 온전하게 매는 띠니라"(골 3:14).

만약 당신이 온전함으로 가는 길을 찾기를 갈망한다면, 그리스도께서는 그 길을 가리키시는 것에 충분히 관심을 두고 계십니다. 주님께서는 당신의 죄악들을 지적하실 것이며, 당신이 푯대에 다다르지 못하도록 방해하는 것이 무엇인지 보여주실 것입니다.

한 젊은이가 예수의 발 앞에 엎드려서 "제가 무엇을 해야 합니까?"라고 물었습니다. 비록 이 젊은이가 구원의 길을 물었지만, 예수께서는 온전하게 되는 방법을 언급하셨습니다.

"예수께서 이르시되 네가 온전하고자 할진대 가서 네 소유를 팔아 가난한 자들에게 주라"(마 19:21).

주님께서는 그 젊은이의 죄를 지적하셨습니다. 그 젊은이는 다른 수다한 사람처럼 그것이 자신에게 매우 과도하다고 느꼈습니다. 그러나 이것은 온전하게 되고 장차 올 세상에서 영원히 살기 위한 대가로서는 매우 사소한 것입니다.

예수께서는 오늘도 동일하신 분이십니다. 당신이 어떻게 온전하게 될 수 있는지를 묻기 위해 주님께 나아갈 때, 주님께서는 대답하시지 않은 채로 당신을 돌려보내시지 않을 것입니다.

온전하게 되는 것과 더 온전하게 되는 것은 항상 그리스도인의 푯대입니다.

"푯대를 향하여 그리스도 예수 안에서 하나님이 위에서 부르신 부름의 상을 위하여 달려가노라. 그러므로 '누구든지 우리 온전히 이룬 자들은' 이렇게 생각할지니 만일 어떤 일에 너희가 달리 생각하면 '하나님이 이것도 너희에게 나타내시리라'"(빌 3:14-15).

당신이 이 책을 읽는 동안, 바로가 모세에게 "이 땅에서 너희 하나님께 제사를 드리라"고 말했던 것처럼, 십중팔구 사탄은 당신에게 많이 속삭일 것입니다. 다시 말해서, 당신이 하나님의 능력을 얻기 위해서 이 세상의 것들로부터 당신 자신을 그리 멀리 분리할 필요가 없다는 것입니다. 만약 당신이 고집하면, 사탄은 당신에게 "좋다. 다만, 너무 멀리 가지만 말아라." 하고 말할 것입니다. 사탄은 너무 멀리 가면 위험하다고 암시할 것입니다.

당신이 죄와 독선으로는 매우 멀리 가게 되지만, 하나님과 함께하는 길은 매우 멀리 가지 못합니다. 하지만 만약 당신이 성령 안에서 예수와 동행하면, 매우 멀리 가는 것을 두려워할 필요가 없습니다. 이제껏 사역 속에 표적들이 따를 때까지, 하나님께서 원하시는 지점에 이른 성도가 없습니다.

우리는 병든 사람들에게 안수하고 그들이 회복되는 것을 볼 수 있는 곳까지 가지 않았습니다. 주님께서 성령의 아홉 가지 은사가 사역 속에서 역사하기를 원하신 것처럼 그 은사들을 충분히 사용한 교회가 없습니다. 바로(사탄)가 당신을 끌어내리도록 하지 마십시오.

계속 나아가십시오. 끝까지 가십시오. 당신을 위한 하나님의 은혜가 충분합니다. 당신이 평신도든지, 성직자든지, 당신의 삶에 하나님의 약속을 승인하지 못하게 하는 것은 무엇이든지 허용하지 마십시오.

"완전한 데로 나아갈지니라"(히 6:2).

CHAPTER 05

우리의 본이신 그리스도

네 번째 하나님의 음성

"이를 위하여 너희가 부르심을 받았으니 그리스도도 너희를 위하여 고난을 받으사 너희에게 본을 끼쳐 그 자취를 따라오게 하려 하셨느니라. 그는 죄를 범하지 아니하시고 그 입에 거짓도 없으시며 욕을 당하시되 맞대어 욕하지 아니하시고 고난을 당하시되 위협하지 아니하시고 오직 공의로 심판하시는 이에게 부탁하시며"(벧전 2:21-23).

이 말씀은 진실한 마음을 가진 하나님의 자녀들에게 그리스도께서 우리의 말과 행동의 본이라는 것을 매우 명백하게 설명합니다. 우리는 그리스도께서 행하셨던 것처럼 행할 수 있고, 그리스도께서 말씀하신 것처럼 말할 수 있습니다. 이것은 우리의 발이나 입술이 아니라 마음의 상태를 의미합니다.

"속에서 곧 사람의 마음에서 나오는 것은 악한 생각 곧 음란과 도둑질과 살인과 간음과 탐욕과 악독과 속임과 음탕과 질투와 비방과 교만과 우매함이니 이 모든 악한 것이 다 속에서 나와서 사람을 더럽게 하느니라"(막 7:21-23).

"대저 그 마음의 생각이 어떠하면 그 위인도 그러한즉"(잠 23:7).

사람이 그리스도께서 행하시고 말씀하신 것처럼 행하고 말할 수 있게 되기 전, 그는 먼저 그리스도처럼 생각하기를 시작해야 합니다.

이것은 우리가 "모든 생각을 사로잡아 그리스도에게 복종하게"(고후 10:5) 할 때 비로소 가능한 것입니다. 이것은 그냥 일어나는 것이 아닙니다.

이것은 성별된 행위이며, 목표와 지속적인 적용을 요구하는데, 이는 우리의 마음이 헤매기를 좋아하기 때문입니다. 이것은 또한 자발적인 주고받음과 예전의 사고방식을 포기하는 것과 그리스도의 마음을 우리의 마음처럼 받아들이는 것을 요구합니다.

"너희 안에 이 마음을 품으라. 곧 그리스도 예수의 마음이니"(빌 2:5).

하나님께서는 어떤 생각을 거부하십니다. 승리하는 사고 생활을 이끌어주는 것은 가능합니다. 그렇다고 해서 사탄이 더는 악한 생각들을 가지고 올 수 없다는 것이 아닙니다.

성경에는 하나님께서 우리가 시험을 받지 않을 것으로 말씀하신 곳이 없습니다. 그리스도께서도 시험을 받으셨습니다. 그러나 우리는 악한 것들을 받아들이고 그 안에 거할 생각을 거부할 수 있습니다. 온전한 마음은 자제력이 있는 마음입니다.

악한 생각들은 바른 생각들을 채움으로써 제거될 수 있습니다. 우리는 이런 생각들이 무엇인지 가르침을 받았습니다.

"끝으로 형제들아 무엇에든지 참되며 무엇에든지 경건하며 무엇에든지 옳으며 무엇에든지 정결하며 무엇에든지 사랑받을 만하며 무엇에든지 칭찬 받을 만하며 무슨 덕이 있든지 무슨 기림이 있든지 이것들을 생각하라"(빌 4:8).

예수께서는 바른 생각들을 하셨습니다. 그것이 바로 주님께서 바른 길로 행하고 바른 것을 말씀하실 수 있었던 것과 우리가 따를 올바른 본이 되신 이유입니다.

"이를 위하여 너희가 부르심을 받았으니 그리스도도 너희를 위하여 고난을 받으사 너희에게 본을 끼쳐 그 자취를 따라오게 하려 하셨느니라. 그는 죄를 범하지 아니하시고 그 입에 거짓도 없으시며"(벧전 2:21-22).

그리스도께서는 습관적인 죄를 범하시지 않았습니다. 그분께서는 죄를 용납하시지 않았습니다.

주님께서는 마귀와 시험을 물리치셨고, 우리와 똑같이 시험을 받으셨지만, 죄를 범하시지 않았습니다(히 4:15 참조).

주님께서는 우리의 본이십니다. 그리고 우리가 주님의 자취를 따라 행할 수 있도록 도우시려고 서 계십니다.

"그 안에 거하는 자마다 범죄하지 아니하나니"(요일 3:6).

이것은 오늘날의 대다수 종교적 가르침에 상반됩니다. 나는 이에 대해서 알고 있습니다. 나는 오늘날의 종교인들의 무리, 또한 신유를 믿는 수다한 사람도 질병과 귀신들림으로부터 구원이 필요할 때 자신들이 무력하다는 것을 발견한다는 것도 알고 있습니다. 만약 당신이 하나님의 능력을 진정으로 원한다면, 이 문제는 예전의 의견들과 종교적 가르침과 상관없이 진지하고 신앙심 깊은 생각을 할 가치가 있음이 확실합니다. 어떤 사람들은 능력이 있고, 어떤 사람들은 능력이 없는 데는 이유가 있습니다. 하지만 그것은 하나님께서 사람들을 편애하셔서 그런 것이 아닙니다. 능력은 믿음의 직접적인 결과이며, 믿음은 순종으로 말미암아 옵니다.

"사랑하는 자들아 만일 우리 마음이 우리를 책망할 것이 없으면 하나님 앞에서 담대함믿음을 얻고 무엇이든지 구하는 바를 그에게서 받나니 이는 우리가 그의 계명을지키고 그 앞에서 기뻐하시는 것을 행함이라"(요일 3:21-22).

소망은 거룩함이 없는 사람들에게 주어질 수 있습니다. 하지만 믿음은 거룩함이 없이는 얻을 수 없습니다.
만약 거룩함이 없는 사람들에게 믿음이 주어질 수 있다면, 하나님을 절대로 볼 수 없는 사람들이 하나님께 얻고자 갈망하는 것을 구하여 받을 수 있는 능력을 가진 것입니다. 왜냐하면, 믿음을 가진 사람들에 대한 하나님의 전폭적인 약속은 그들이 기도할 때 무엇이든지 믿고 구하는 것은 다 받을 것이라고 했기 때문입니다.

"너희가 기도할 때에 무엇이든지 믿고 구하는 것은 다 받으리라 하시니라"(마 21:22).

그리고 하나님께서는 "모든 사람과 더불어 화평함과 거룩함을 따르라. 이것이 없이는 아무도 주를 보지 못하리라."(히 12:14)고 말씀하셨습니다.

비록 많은 종교 지도자들이 모든 사람이 항상 죄를 범하게 된다고 하고, 죄를 이기는 삶을 살기란 불가능하다고 하고, 사람이 이 세상에 사는 동안에는 이생의 죄를 자주 범하게 된다고 하고, 사람이 매일 죄를 범하고 밤마다 회개해야 한다고 말할지라도, 성경은 여전히 냉정하고 간단하게 하나님의 명령을 선포합니다.

"내가 거룩하니 너희도 거룩할지어다"(벧전 1:16).

바울은 고린도교인들에게 보낸 편지에서 "깨어 의를 행하고 죄를 짓지 말라. 하나님을 알지 못하는 자가 있기로 내가 너희를 부끄럽게 하기 위하여 말하노라."(고전 15:34)고 선포했습니다.

이 구절에 따르면, 습관적인 죄에 대한 구실을 찾는 사람들은 하나님을 알지 못한 것입니다. 이것은 수치입니다. 이것은 수다한 자칭 그리스도인이 영적으로 잠들어 있다는 증거입니다. 그들은 하나님의 영이나 하나님의 말씀의 인도하심을 받지 않습니다. "성령의 일은 죄의 세상과 의의 세상을 책망하시는 것이며"(요 16:8), 마음에 숨기운 말씀은 하나님에 대하여 죄짓는 것을 막아줄 것입니다(시 119:11 참조).

잠자고 있는 동안에는 능력을 받을 수 없습니다. 깨어나십시오. 죄에 대한 핑계를 만드는 것을 중단하십시오. 죄를 범하지 않으신 주님의 자취를 따르십시오.

"그는 죄를 범하지 아니하시고 그 입에 거짓도 없으시며"(벧전 2:22).

예수께서는 그 말씀으로 병든 사람들을 고치셨습니다.

"저물매 사람들이 귀신 들린 자를 많이 데리고 예수께 오거늘 예수께서 말씀으로 귀신을 쫓아내시고 병든 자들을 고치시니"(마 8:16).
"그 말씀이 권위가 있음이러라"(눅 4:32).

그리스도를 따르는 사람은 그분의 말씀이 능력의 말씀이 되기도 한다는 것을 확신합니다(마 21:21 참조). 그러나 만약 우리가 우리의 말이 능력의 말이 되기를 원한다면, 주님처럼 말해야 합니다. 우리 입에서 간교한 속임수가 발견되어서는 안 됩니다.

예수께서는 성령으로 행하셨습니다. 주님을 따르는 우리는 또한 성령으로 행하라는 분부를 받았습니다

"내가 이르노니 너희는 성령의 뜻을 행하라. 그리하면 육체의 욕심을 이루지 아니하리라"(갈 5:16).

갈라디아서 5장 19-21절에는 육체의 일들이 기록되어 있는데, 이것들은 성령으로 행하는 사람들의 삶에서 찾아볼 수 없는 것들입니다. 그러나 우리 중에는 이와 같은 육체의 일들을 품고 있는 사람들이 있습니다. 그들은 이것들을 이기려고 하는 노력을 거의 하지 않습니다. 하지만 그들은 하나님께서 자신들의 말과 기도를 존중하실 것이며, 자신들에게 기적을 행하는 능력을 주실 것이라고 기대합니다. 그러나 21절은 우리에게 이런 일을 하는 사람들은 능력을 받지 못하는 것뿐만 아니라 "하나님의 나라를 유업으로 받지 못할 것이요"(갈 5:21b)라고 말씀합니다. 하나님의 나라에 합당하지 않은 사람이 그리스도의 일을 하기 위해 능력을 받을 기대를 할 수 있겠습니까?

사전을 가지고 이 "육체의 일들"을 연구해보면, 당신은 하나님께서 "음행과 더러운 것과 호색과 우상 숭배와 주술과 원수 맺는 것과 분쟁과 시기와 분 냄과 당 짓는 것과 분열함

과 이단과 투기와 술 취함과 방탕함과 또 그와 같은 것들"(갈 5:19-21)을 열거하신 것을 발견하게 될 것입니다.

이런 것들을 행하는 사람들은, 죄를 짓지 않으신 분이시며, 간교한 속임수를 입에 담지 않으셨던 분의 자취를 따라 행하지 않습니다.

바울은 우리에게 "너희가 서로 거짓말을 하지 말라. 옛 사람과 그 행위를 벗어 버리고 새 사람을 입었으니 이는 자기를 창조하신 이의 형상을 따라 지식에까지 새롭게 하심을 입은 자니라."(골 3:9-10)고 권고합니다.

아래에 열거된 것들은 성령 안에서 행하지 못하게 하는 세속적인 사람의 특성 중에 여러 가지가 있습니다. 이 리스트(롬 1:29-31, 고전 6:9-10, 갈 5:19-21, 골 3:5, 딤후 3:2-5 참조)는 많은 사람들의 영의 통로를 막고 있지만 이를 깨닫는 자들에게는 새로운 경로들을 열어줍니다.

몇 가지만 열거합니다.

교만: 영향력이 큼, 독립적임, 완고함, 정확함.

칭찬받기를 좋아함: 관심 받기를 좋아함, 높아지기를 좋아함, 대화 중에 사람들의 관심을 끔.

다툼: 말이 많음, 고집스러움, 가르치기 어려움, 자기 의지, 유연성이 없음,

고집불통의 기질: 난폭함, 명령적임, 비판적임, 짜증 냄, 안달함, 구슬려지고 달래지기를 좋아함.

원수 맺는 것: 당신 자신보다 재능이 더 많고 칭찬을 더 많이 받는 사람들의 장점들을 말하기보다는 거짓과 다른 사람들의 실수를 말함.

음행과 호색: 육욕적인 흥분, 불경한 행동, 과도한 애착, 이성에게 친숙함, 다른 이성에게 한 눈 파는 습관.

거짓: 진실하지 않음, 거짓된 성향, 진실을 회피하거나 덮어버림,

자기자랑: 당신의 실제 모습보다 더 좋은 인상을 남김, 진실을 과장하거나 무리하게 사용함,

이기심: 돈을 사랑함, 안락을 사랑함, 게으름.

형식적임, 영적 무감각, 영혼들에 대한 관심이 부족함, 냉담함, 무관심함.

경건의 능력과 하나님의 능력을 부인한다!

이제 하나님 앞에 무릎을 꿇고서 이것들에 관하여 말씀하실 것과 당신만의 죄성의 리스트를 알려달라고 하나님께 구하십시오. 하나님께서는 당신이 변화되어야 할 것들을 보여주실 것이며, 당신은 이것들 외에 다른 것들이 당신의 삶에 있음을 발견하게 될 것입니다.

당신이 실행하고 말하고 생각하는 것들을 점검하기 좋은 방법은 당신 자신에게 "예수님이라면 이것을 어떻게 하셨을까?"라는 질문을 하는 것입니다. 만약 주님께서 그것을 하신다면, 당신은 그분의 자취를 따르고 있는 것입니다.

"내가 그리스도와 함께 십자가에 못 박혔나니 그런즉 이제는 내가 사는 것이 아니요 오직 내 안에 그리스도께서 사시는 것이라. 이제 내가 육체 가운데 사는 것은 나를 사랑하사 나를 위하여 자기 자신을 버리신 하나님의 아들을 믿는 믿음 안에서 사는 것이라"(갈 2:20).
"그리스도 예수의 사람들은 육체와 함께 그 정욕과 탐심을 십자가에 못 박았느니라"(갈 5:24).
"그런즉 누구든지 그리스도 안에 있으면 새로운 피조물이라. 이전 것은 지나갔으니 보라 새것이 되었도다"(고후 5:17).

만약 주님께서 그것을 하시지 않는다면, 당신은 과녁을 벗어난 것입니다. 당신은 하나님의 능력을 얻을 수 없습니다. 심지어 당신은 천국에 들어가는 것을 실패할 것입니다.
이런 거룩한 삶은 불가능한 것이 아닙니다. 예수 그리스도께서 십자가에서 다 이루셨음을 믿으십시오.

하나님께서 이것을 명령하셨습니다.

"우리 안에서 착한 일을 시작하신 하나님께서 그리스도 예수의 날까지 이루실 것입니다"(빌 1:6).
"여호와께 능하지 못한 일이 있겠느냐?"(창 18:14).

하나님께서는 바울에게 "내 은혜가 네게 족하도다"라고 말씀하셨습니다. 하나님의 은혜는 당신에게도 족합니다. 만약 당신이 진정으로 거룩함을 원한다면, 그렇게 되는 것이 가능합니다.

"내가 거룩하니 너희도 거룩할지어다"(벧전 1:16).

그리고 거룩함이 없이는 당신이 하나님의 기적을 행하는 능력을 절대로 받을 수 없을 것입니다.

Chapter 06

자기부인

다섯 번째 하나님의 음성

"아무든지 나를 따라오려거든 자기를 부인하고 날마다 제 십자가를 지고 나를 따를 것이니라"(눅 9:23).

예수께서 행하신 길은 자기부인의 길이었습니다. 당신은 주님을 따르고자 갈망하기 때문에 이 책을 읽고 있습니다. 그러므로 당신 자신을 부인하십시오.

언젠가 어떤 사람이 "이 사람처럼 말한 사람은 없습니다. 자기를 부인하는 법을 배운 사람은 그리 많지 않습니다."라고 말했습니다.

우리는 성경에서 예수께서 새벽에 기도하신 이야기를 읽게 됩니다.

"새벽 아직도 밝기 전에 예수께서 일어나 나가 한적한 곳으로 가사 거기서 기도하시더니"(막 1:35).

주님께서 하신 일을 하고자 하는 사람 중 다수가 기도하는 시간을 조금밖에 갖지 않거나 거의 갖지 않습니다. 기도하기 위해 자신 홀로 있는 사람은 매우 적습니다. 물론, 그들은 대중 가운데서, 또는 다른 사람들이 듣고 있는 상황에서 자주 아름답게 기도합니다. 그러나 홀로 밤을 새우며 기도하는 시간은 자기(self)에게 영광을 가져다주지 않습니다. 오히려 자기는 안락한 침대의 더 편안한 자리를 찾아서 조용히 잠을 자기를 원합니다. 자기는 "나는 쉬어야만 해."라고 말합니다.

누군가가 한밤중이나 이른 아침에 한 시간 기도하라고 말하면, 자기는 미소를 띠면서 손을 들 것입니다. 자기는 이 헌신적인 시간에 기도하는 모습을 다른 사람에게 보이고, 이웃들이 자신을 좋게 생각하는 것을 기뻐할 것입니다. 그러나 자기는 알람이 울릴 때 알람을 끄고서 다시 잠을 잡니다. 자기는 "네가 기도하고 싶은 느낌이 들지 않을 때 기도하는 것은 좋은 것이 아니야."라고 말합니다.

예수께서는 "자기를 부인하라." 하고 말씀하셨습니다. 이것이 제사입니다. 하나님께 드리는 진정한 제사입니다. 그리고 하나님께서는 제사를 기뻐하십니다.

남 미주리에서 열었던 천막집회 초기에는 매우 많은 사람이 주 중에 참석했습니다. 하지만 단 한 영혼도 강단초청에 응하지 않았습니다. 내 아내와 나는 그 상황이 변화되기를 바라고서, 영혼들이 집회 시에 구원받기를 위해 밤을 새우며 기도하기로 합의했습니다. 하지만 그날의 집회는 매우 힘들게 진행되었기에 우리의 육체는 이미 지쳐 있었고, 그때는 늦은 시간이었습니다. 곧 피곤이 우리를 덮치기 시작했습니다. 깨어 있는 것조차도 거의 불가능해 보였습니다.

우리는 서로가 잠이 들지 않도록 깨워주기를 반복했습니다. 통성으로 기도한 것이 아니었기에 아무런 감흥이 없었고, 우리를 깨어 있게 할 뭔가가 없었습니다. 하지만 우리는 하나님께서 그 작은 마을을 우리에게 맡기셨다는 것과 영혼들은 구원받지 못한 상태였다는 것을 알았기에, 그들이 구원받는 것을 보아야 했습니다. 그래서 우리는 그 밤을 기도하며 보내기로 하나님께 약속드렸습니다.

해가 동쪽 하늘로 올라왔을 때, 우리는 서원을 지켰다는 것과 그 밤에 뭔가 놀라운 일이 일어날 것을 알았습니다. 우리는 집회 시간이 빨리 왔으면 하는 생각에 사로잡혔습니다. 그리고 그 밤에 우리는 승리했습니다. 사람들이 줄을 지어서 강단 앞쪽으로 가까이 나아갔습니다. 당시 복음을 전하기 시작한 지 겨우 3주밖에 되지 않은 신출내기 설교자의 사역을 통해 열아홉 명이 구원을 받았고, 그들은 시골 마을의 학

교에서 소리 높여 하나님을 찬양했습니다. 집회 후 기뻐하며 집으로 돌아가는 길에, 우리는 하나님께서 우리에게 교훈을 주셨다는 것을 깨달았습니다.

우리가 자기를 부인하면, 하나님께서는 당연히 결과를 책임져야 한다고 생각하신다는 것입니다. 자기가 어떤 좋은 느낌들에 때문에 고무되었든, 기도해야 한다는 마음이 강하게 들었든, 우리는 기도해야 합니다.

자기는 "기도하고 싶거든, 기도해라." 하고 말합니다. 자기부인은 "무슨 일이 있어도 기도해라." 하고 말합니다.

지친 영혼에게 상쾌함을 주는 시간에는 기도가 큰 즐거움일 때가 있습니다. 하지만 우리는 기도를 통해 하나님께서 우리에게 주시기로 약속하신 것들을 강탈하려는 원수를 세상의 전장에서 만나게 될 때도 있습니다. 원수가 우리에게 약속된 것을 능히 강탈하지 못할 경우에는 우리로 하여금 그 것을 얻지 못하도록 방해할 것입니다.

우리는 "당신이 내게 축복하지 아니하면 가게 하지 아니하겠나이다."(창 32:26)라고 했던 야곱처럼 기도로 씨름해야 할 때가 있습니다. 응답이 더디 오는 때가 있는데, 그럴 때는 다니엘이 꼬박 3주를 인내로 기다렸던 것처럼 기다려야 합니다(단 10:2 참조).

씨름이 우리의 육체를 지치게 할 때가 있으며, 엘리야가 하늘에서 불과 비가 내리도록 기도했을 때(왕상 18장, 19:4 참조) 처럼 신경이 잔뜩 긴장할 때가 있습니다. 이와 같은 때는 우리의 기도에 자기부인이 요구됩니다. 기도의 능력을 믿는 사람만이 기도하기 위해서 자기 육체가 요구하는 쉼을 부인할 것입니다.

하나님께서는 "너희가 기도할 때에 무엇이든지 믿고 구하는 것은 다 받으리라 하시니라."(마 21:22)고 약속하셨습니다.

진정한 기도는 이 땅에 능력을 풀어놓는 가장 위대한 출구입니다.

초대교회는 오순절의 기적이 일어나기까지 열흘을 기도했습니다.

모세는 산에서 40일 동안 하나님과 대화하며 시간을 보냈으며, 그의 얼굴에 광채가 나므로 수건으로 가려야 했습니다.

조지 뮬러는 기도로 2천 명의 고아를 돌볼 수 있는 100만 달러를 응답으로 받아냈습니다.

예수께서는 기도하러 산에 오르셨고, "오직 기도와 금식의 방법이 아니고서는 나가지 않을 귀신들을 쫓으러 산에서 내려오셨습니다."(막 9:29)

그는 슬퍼하는 아비에게 "이런 유의 귀신은 기도와 금식 외에는 나가지 않는다. 내가 금식하고 기도하러 자리를 떠나

있는 동안에 너는 기다리거라."고 말씀하시지 않았습니다.

주님께서는 이미 금식하셨고 기도하셨습니다. 자기부인, 즉 금식과 기도는 예수의 일상의 한 부분이었습니다. 이것은 주님의 삶의 습관이었습니다.

주님께서는 먼저 기도하셨고, 필요한 것이 생길 때에 이미 기도가 끝난 상태였고, 필요한 것을 공급받을 준비가 되셨습니다.

금식은 자기부인의 중요한 부분입니다. 음식에 대한 갈망, 곧 가장 풍성하고 가장 맛있고 가장 훌륭한 음식은 자기의 가장 강력한 욕망 중 하나입니다. 에서가 장자권을 팔아넘긴 것은 음식 때문이었습니다.

사탄이 그리스도께서 광야에 계실 때 시험한 것 중 첫째는 음식에 대한 갈망인 육체의 배고픔에 가해진 시험이었습니다. 능력이 큰 사도 바울은 자신이 "여러 번 굶었다"(고후 11:27)라고 선포했습니다.

음식 자체는 죄가 아닙니다. 그러나 만약 음식이 지나치게 중요시되면 신이 되고, 신이 되면 죄가 됩니다.

바울은 자기가 빌립보에 세운 교회를 미혹하는 사람들에 대해서 "내가 여러 번 너희에게 말하였거니와 이제도 눈물을 흘리며 말하노니 여러 사람들이 그리스도의 십자가의 원수로 행하느니라. 그들의 마침은 멸망이요 '그들의 신은 배요'

그 영광은 그들의 부끄러움에 있고 '땅의 일을 생각하는 자라'"(빌 3:18-19).고 경고했습니다.

오늘날 자기의 삶에 하나님의 기적을 행하는 능력이 임하기를 갈망하는 다수의 사람이 한 끼의 맛있는 밥 때문에 하나님의 최대 선물을 놓치는 경우가 있습니다.

음식을 조리하는 좋은 냄새가 골방 문 주변에 난 틈새들로 스며들기 시작했을 때, 무릎을 꿇은 채로 기도골방에 머물러 있는다는 것은 나에게 절대로 쉬운 것이 아니었습니다. 내가 맛있는 죽을 단호히 등지고서 저녁을 거른 채 골방으로 들어가기 전에는 하나님의 음성을 듣지 못했습니다. 그때야 비로소 나는 내 배가 신이 아니고, 하나님이 나에게 음식보다 더 중요한 분이라는 것을 증명했습니다.

금식은 올바르게 행해지지 않으면 안 됩니다. 금식 자체가 기적들이 일어나게 하는 능력을 가지고 있지는 않습니다.

이사야 시대에 살던 이스라엘 백성은 "우리가 금식하되 어찌하여 주께서 보지 아니하시나이까?"(사 58:3)라고 부르짖었습니다.

하나님께서는 이사야 선지자를 통하여 "보라 너희가 금식하는 날에 오락을 구하며 온갖 일을 시키는도다. 보라 너희가 금식하면서 논쟁하며 다투며 악한 주먹으로 치는도다. 너희가 오늘 금식하는 것은 너희의 목소리를 상달하게 하려는 것이 아니니라."(사 58:3b-4)고 응답하셨습니다.

만약 우리의 금식이 우리의 목소리로 하여금 하늘에 상달되도록 하기 위해서는 우리가 진정한 마음으로 하나님을 찾고 구해야 합니다. 우리는 형제를 지키는 사람이 되어야 할 의무를 우리의 비전에 포함해야 합니다. 금식이 효과적으로 행해지기 위해서는 이기심 없이 행해져야 합니다.

"내가 기뻐하는 금식은 흉악의 결박을 풀어 주며 멍에의 줄을 끌러 주며 압제 당하는 자를 자유하게 하며 모든 멍에를 꺾는 것이 아니겠느냐? 또 주린 자에게 네 양식을 나누어 주며 유리하는 빈민을 집에 들이며 헐벗은 자를 보면 입히며 또 네 골육을 피하여 스스로 숨지 아니하는 것이 아니겠느냐"(6-7절)?

금식이 하나님의 방법으로 행해지면, 하나님께서는 "네 빛이 새벽 같이 비칠 것이며 네 치유가 급속할 것이며 네 공의가 네 앞에 행하고 여호와의 영광이 네 뒤에 호위하리니 '네가 부를 때에는 나 여호와가 응답하겠고' 네가 부르짖을 때에는 내가 여기 있다 하리라."(8-9절)는 약속을 하셨습니다.

예수께서는 금식하셨고, 자기를 따르던 사람들이 금식하

기를 기대하셨지만, 모든 금식이 하나님께 합당한 것은 아니라고 지적하셨습니다(마 6:16-18 참조).

자랑하려고 금식한 사람들은 예수에 의해 "외식하는 자들"이라고 불렸습니다. 주님께서는 자랑하려고 금식했던 사람들이 그들 주변 사람들, 곧 사람의 겉모습으로 그 사람을 판단하는 사람들에게 칭찬받으므로 모든 상을 받았다고 말씀하셨습니다.

주님께서 권하신 금식은 은밀한 중에 하는 금식입니다. 이 금식은 그 사람과 하나님 사이의 은밀한 거래입니다. 가능하면, 직계 가족에게도 자신이 금식하는 것을 알리지 말아야 합니다. 금식이 이런 식으로 진행되면, 하나님께서 당신의 목소리를 하늘에서 들으시고 당신 기도에 응답하시므로 공공연하게 상을 주실 것입니다.

사람들이 "저 사람은 경건한 사람임에 틀림없습니다. 그는 한 주에 사흘을 금식합니다. 그는 21일 금식을 마쳤고, 지금은 40일 금식 중 열흘째입니다."라고 말하는 것을 듣기보다는 "저 사람은 하나님의 능력을 소유하고 있습니다. 그가 기도할 때 병든 사람들이 고침 받고, 앉은뱅이가 걷고, 벙어리가 말하고, 눈먼 자가 봅니다."라고 하는 말을 듣는 것이 훨씬 좋습니다.

몇몇 괜찮은 사람이 교만하여져서 자랑하는 심정으로 금

식하므로 자신들에게 아무런 유익이 없는 헌신과 희생으로 이끌렸습니다. 우리가 하나님을 위해 하는 모든 것을 망치게 하는 것은 사탄의 일입니다. 이 문제를 주의합시다. 그렇지 않으면, 사탄이 우리의 가장 효과적인 병기 중 하나인 금식을 통한 자기부인을 쓸모없는 것으로 만들 것입니다.

진정한 금식은 자기 삶에 필요한 것을 제쳐 놓고 하나님께 첫 자리를 드리는 것입니다. 이것은 개인의 삶으로 깊이 들어갑니다.

바울은 남편과 아내가 각자 자기의 몸을 배우자에게 속한 것이라고 여기고, 서로에게 복종하고, 가능한 대로 서로를 기쁘게 하기를 구해야 한다고 했습니다. 하지만 그는 그리스도인 남편과 아내가 하나님을 첫째 자리에 모시므로 하나님께서 자신들의 모든 생각을 주관하실 수 있도록, 혼자 아니면 둘 다 금식과 기도를 하는 시간을 정하라고 권고했습니다.

하나님께서는 혼인이나 남편과 아내의 합법적인 관계를 정죄하시지 않습니다. 그러나 당신의 부부관계가 합법적이라 해도, 마치 음식을 먹기 위해 시간을 쓰는 것처럼, 큰 유익을 위해서 하나님을 찾는 시간을 따로 정해야 합니다.

우리가 하나님께 더 가까이 나아갈수록, 우리 삶에 더 큰 능력이 임할 것입니다. 이 친밀함은 한 가지 방법으로 성취

될 수 있습니다.

"하나님을 가까이하라. 그리하면 너희를 가까이하시리라"(약 4:8).

자기부인은 당신이 가장 즐거워하는 사람들로부터 당신을 자주 고립되게 할 것입니다. 물론, 당신의 친구들이 좋은 친구들이라는 것은 의심의 여지가 없습니다. 그러나 만약 당신이 하나님의 능력을 소유하기를 원한다면, 하나님과 교제해야 합니다. 하나님의 백성과 교제하는 것은 경이로운 것이며, 모든 그리스도인에게 필요한 것입니다. 특히 주님을 믿은 지 얼마 되지 않은 새신자들에게는 더더욱 그러합니다. 하지만 우리에게 그보다 훨씬 더 필요한 교제가 있습니다.

"우리의 사귐은 아버지와 그의 아들 예수 그리스도와 더불어 누림이라"(요일 1:3).

하나님의 능력을 소유한 사람들, 곧 병들고 고통당하는 사람들에게 구원을 가져다주고 영혼들을 그리스도에게 인도하는 사람들은 다른 사람들과 시간을 많이 보내기 전에 하나님과 독대하는 시간을 많이 갖습니다.

이런 것들은 한순간에 이루어질 수 없습니다. 능력은 여호와를 기다림의 결과입니다. 자기는 서두르라고 말합니다. 하지만 자기는 다시금 부인되어야 합니다.

오순절은 주님을 기다리기 시작한 지 열흘 만에 왔습니다.

마지막 때에 대한 다니엘의 환상은 세 이레 동안 기다린 후에 왔습니다.

모세는 주님의 방법과 뜻을 알기 위해 기다리는 법을 배우지 못했기 때문에, 하나님께서 그에게 하라고 지시하신 출애굽 사역을 할 수 있도록 준비되기 전까지 40년 동안 광야에 피신하며 기다려야 했습니다.

"여호와 앞에 잠잠하고 참고 기다리라"(시 37:7.)

하나님을 기다림은 거의 망각되었습니다. 모든 것이 성급하게 이루어지고 있습니다. 수다한 것이 버튼만 누르면 됩니다. 하지만 하나님의 능력을 얻는 데는 주문이나 왕도와 같은 버튼이 없습니다.

하나님을 기다린 사람이 귀신에게 떠날 것을 명령하면, 그 고통 받는 사람이 자유롭게 됩니다. 하나님을 기다리며 시간을 "가져본" 적이 없는 사람은 같은 말을 반복하고, 늘 같은 것을 해도 아무 일도 일어나지 않습니다. 비록 당신이 하나님을 기다리면서 아무것도 하지 않는 것처럼 보일지라도, 하나님을 기다리는 시간은 허비하는 시간이 아닙니다. 하나님을 기다리는 것은 금식과 기도, 그리고 단조로운 기다림을 포함합니다.

우리가 기도할 때, 우리는 하나님께 말씀드리는 것입니다. 하지만 당신이 더는 할 말이 없는 것처럼 보일 때까지 기도했다면, 응답을 얻기 위해 기다려야 합니다.

하나님께서 당신에게 말씀하시도록 하십시오.

자기 육체는 가만히 못 있고 성급하고 항상 행동이나 관심이나 만족감을 강력히 요구하고 있습니다.

자기 육체는 이 세상에 속한 것들, 곧 육체의 일들을 염두에 둡니다.

"아무든지 나를 따라오려거든 자기를 부인하고"(눅 9:23).

주님을 따르려 합니까?
주님께서 하신 일들을 당신도 하려 합니까?
그렇다면, 주님의 임재 안에서 기다리십시오.
주님께서 당신이 아직 부인하지 못한 자기에 대해서 당신 영혼에 말씀하시도록 하십시오.

주님의 자기부인의 삶이 당신의 생활양식이 되도록 하십시오. 그리하면 당신은 하나님의 기적을 행하는 능력을 얻는 길에 제대로 서 있는 것입니다.

Chapter 07

십자가를 지라

여섯 번째 하나님의 음성

"아무든지 나를 따라오려거든 자기를 부인하고 '날마다 제 십자가를 지고' 나를 따를 것이니라"(눅 9:23).

당신이 당신의 십자가를 지고 예수를 따르기 전에는 자기 부인을 통해서 얻을 것이 별로 없을 것입니다.

우리가 십자가의 무게나 고통이나 슬픔이나 희생을 내려놓고 싶어 하면 내려놓을 수 있지만, 다른 사람들을 위해서 기꺼이 십자가를 지거나 견디게 됩니다. 우리가 십자가를 내려놓는 것은 자연스러운 것입니다. 하지만 잃어버린 영혼들과 병든 사람들과 고통 받는 사람들에게 구원과 축귀나 치유를 가져다 줄 다른 방법이 없다는 것을 깨달으므로 우리의 십자가를 기꺼이 참게 됩니다.

"믿음의 주요 또 온전하게 하시는 이인 예수를 바라보자. 그는 그 앞에 있는 기쁨을 위하여 십자가를 참으사 부끄러움을 개의치 아니하시더니 하나님 보좌 우편에 앉으셨느니라"(히 12:2).

예수께서는 십자가를 지지 않으실 수도 있었습니다. 군사들에게 잡히시던 밤, 예수께서는 늦은 시간에 아버지께 기도를 드리신 후 이 운명으로부터 자신을 건져낼 열두 군단 더 되는 천사를 보내달라고 하실 수 있다고 선포하셨습니다(마 26:53-54 참조). 주님께서는 마음에 성경을 성취하려는 목적을 두셨고, 등에 채찍을 맞으시고 흠 없고 점 없는 어린양으로서 십자가에서 희생하시므로 잃어버린 족속들과 죄인들을 죄와 질병의 이중 저주에서 구원하시기 위해 십자가로 가셨습니다.

"믿음으로 모세는 장성하여 바로의 공주의 아들이라 칭함 받기를 거절하고(이집트의 왕좌를 버리고) 도리어 하나님의 백성과 함께 고난 받기를 잠시 죄악의 낙을 누리는 것보다 더 좋아하고(자기 형세들처럼 노예 속속과 같은 사람으로 여기고) 그리스도를 위하여 받는 수모를 애굽의 모든 보화보다 더 큰 재물로 여겼으니 이는 상 주심을 바라봄이라.(고난과 희생을 통해 그들을 구원하는 이 사명에 헌신했습니다"(히 11:24-26).

바울도 멸시와 박해를 받았던 그리스도인들의 무리에 합류하고, 하늘로부터 임한 환상에 순종하여 이방인들에게 구원을 선포하기 위해 산헤드린 공회의 직분을 버렸습니다.

그는 "보라 이제 나는 성령에 매여 예루살렘으로 가는데 거기서 무슨 일을 당할는지 알지 못하노라. 오직 성령이 각 성에서 내게 증언하여 결박과 환난이 나를 기다린다 하시나 내가 달려갈 길과 주 예수께 받은 사명 곧 하나님의 은혜의 복음을 증언하는 일을 마치려 함에는 나의 생명조차 조금도 귀한 것으로 여기지 아니하노라."(행 20:22-24)고 선포했을 때 자기 십자가를 지면서 예수를 좇고 있었습니다.

찰스 G. 피니는 특별 훈련과 경험을 하지 못했던 사역을 하기 위해 유망한 변호사 직업을 버렸을 때 자기 십자가를 졌습니다.

그러나 십자가를 지는 것만으로는 충분하지 않습니다. 십자가는 날마다 져야 합니다. 자원하는 마음으로 져야 하며, 성실하게 져야 하며, 조바심 없이 져야 합니다. 헌신하라는 감동적인 부르심의 열기가 식지 않는 동안에 헌신하기는 쉽습니다. 하지만 그 다음 아침이나 제 사흘째 아침에 다시 헌신하는 데는 실패합니다.

그리스도께서는 자기 십자가를 내려놓고 휴식을 보낸 적

이 없습니다. 휴식을 보내실 때도 십자가가 따라갔습니다. 비록 주님께서 안식하시기 위해 한적한 곳으로 가셨어도, 사역의 짐은 늘 주님의 어깨를 무겁게 눌렀습니다.

제자들이 음식을 사러 마을로 들어가자, 주님께서는 피곤하고 배고파서 쉬려고 사마리아의 우물 곁에 앉으셨습니다. 하지만 주님께는 한 영혼을 구원으로 인도하실 시간과 힘이 있으셨습니다. 후에 이 사건은 큰 부흥을 가져다주는 운동이 되었고, 사마리아 대부분에 하나님의 나라가 임하도록 했습니다(행 8:1-25 참조).

주님께서는 육체를 입은 한 인간으로서 가장 큰 슬픔 중 하나인 자기 사촌이자 친한 친구였던 세례 요한의 급작스럽고 혹독한 죽음을 당면하셨을 때 따로 빈 들에 가서 시간을 보내셨습니다(마 14:13-14 참조). 하지만 사람들이 주님께서 그곳으로 가신 것을 보고서 주님을 따라갔습니다. 주님께서는 그들을 보셨을 때 불쌍히 여기셨고, 자기의 슬픔을 잊고서 자기 십자가를 지고 병든 사람들을 고치시고 자기를 필요로 하는 사람들을 섬기셨습니다.

십자가는 주님의 생애 끝에 우연으로 온 것이 아닙니다. 주님께서는 태어나셨고, 사셨고, 십자가 위에서 죽으셨습니다.

주님께서는 십자가가 항상 거기 있다는 것을 아셨지만,

십자가를 절대로 피하지 않으셨습니다. 단 한 번도. 그리고 자기 십자가를 지시지 않은 날이 없었습니다.

"오늘은 나를 위한 날이다. 내일 아버지의 일을 하러 다시 나갈 것이다."라고 말씀하실 수 있었던 날이 없었습니다.

"오늘은 내가 즐길 수 있는 나의 날이다. 사람들은 이 휴식이 끝날 때까지 기다려야 해. 그 후에 다시 그들을 만나서 그들이 필요한 것을 해주어야겠군."이라고 말씀하신 적이 없었습니다.

슬퍼하셨던 때에도 "내 슬픔은 너무 크구나! 지금처럼 나에게 위로가 필요한 때가 없을 것이야. 이제 그들에게 나를 섬겨달라고 해야겠어."라고 말씀하지 않으셨습니다.

자신이 배신당하게 될 밤이 왔다는 것을 아셨고, 자신을 배신할 거짓 제자가 자신이 섬겼던 사람들 가운데 앉아있었을 때, 주님께서는 제자들의 발을 씻어주시기 위해 상에서 일어나셔서 전에 "인자가 온 것은 섬김을 받으려 함이 아니라 도리어 섬기려 하고 자기 목숨을 많은 사람의 대속물로 주려 함이니라."(막 10:45)고 하신 말씀대로 제자들을 섬기셨습니다.

세상 사람들의 눈에는 예수께서 갈보리의 암울한 날에만

"자기의 십자가를 지시고"(요 19:16) 가신 것으로 보일 수 있습니다. 그러나 주님께서는 가난한 자들과 멸시 받는 자들과 외로운 자들과 오해 받은 자들에게 자발적으로 가셔서 선한 일을 행하시고 마귀에게 눌린 모든 자를 고치시므로 자기의 십자가를 지셨습니다. 이렇게 하신 이유는 많은 아들들을 영광으로 인도하시기 위함이었습니다.

세상은 당신과 나의 십자가를 보지 못할 뿐만 아니라 이해하지도 못합니다. 그러나 우리 각 사람은 하나님께서 위임하신 십자가를 가지고 있습니다.

우리의 십자가는 우리가 질 수 있는 십자가이지, 우리가 보기에 어울린다고 생각하는 십자가가 아닙니다.

우리의 십자가는 우리에게서 떼어낼 수 없는 질병이 아닙니다.

우리의 십자가는 우리가 하나님을 섬기든지 그렇지 않든지, 우리 삶의 불편한 환경들을 의미하는 것이 아닙니다.

이 십자가는 우리가 하나님께 순종하고 타인들에게 축복의 통로가 되기 위해서 우리 자신들을 희생하기 위해 기꺼이 받아들이는 것입니다.

당신은 자신이 십자가를 지는 것에 대해 자찬한 적이 있습니까? 아니면 당신 삶의 환경들에 관해서 자신을 안심찮게 여긴 적이 있습니까?

당신은 다른 사람들을 위로하고 그들에게 축복의 통로가 되어서 고통 받는 그들에게 구원과 축귀를 가져다주기 위해서 그들의 짐과 고민과 슬픔을 자원하여 함께하고 있습니까?

당신은 하나님의 기적을 행하는 능력받기를 원한다고 말합니다. 당신은 그 대가를 지불할 의향이 있습니까?

당신은 즐거이 당신의 십자가를 날마다 지고서 예수를 끝까지 따르겠습니까?

만약 당신이 그리스도를 완전히 따르고 있다면, 그것은 주님께서 성령으로 충만하신 것과 광야에서 금식하고 기도하신 것과 인정받지 못하신 것과 오해와 박해 받으신 것과 홀로 기도하시며 밤을 지새우신 것을 따라 하는 것을 의미합니다.

이것은 주님께서 잃어버린 세상의 짐을 지실 때 가까운 곳에 있던 누군가가 그 짐을 나눠서 질 것으로 생각하셨지만, 나머지 사람들은 전부 잠자러 갔던 그 동산까지 따라가는 것을 의미합니다.

그리고 무고와 불의한 판결이 있었던 재판정까지 따라가는 것을 의미합니다.

마지막으로 태형기둥과 9개의 끈을 단 채찍과 식초와 쓸개 탄 포도주의 장소까지 따라가는 것을 의미합니다.

이것은 십자가의 고통과 고난을 피하기 위해 뒷걸음질 치는 것을 허용하지 않을 것입니다.

당신은 "그것은 내 생명을 완전히 잃는 것처럼 들립니다."라고 말할 것입니다.

예, 맞습니다. 그것은 실제로 생명을 완전히 잃는 것을 의미합니다.

예수께서는 "누구든지 자기 목숨을 구원하고자 하면 잃을 것이요 누구든지 나와 복음을 위하여 자기 목숨을 잃으면 구원하리라"(막 8:35) 하고 말씀하셨습니다.

이 생명은 더 풍성한 삶이며, 능력의 삶입니다. 진정으로 만족한 삶입니다. 당신이 살아온 날들이 헛되지 않은 것을 알게 하는 생명입니다. 우리가 하나님의 아들의 자취를 따라갔다는 것을 알려고 하는 희생은 모두 가치가 있습니다.

Chapter 08

나는 쇠하여야 하리라

일곱 번째 하나님의 음성

하나님께서는 이 주제 하에 나의 교만을 다루기 시작하셨습니다. 나는 나 자신이 교만하다고 느낀 적이 한 번도 없습니다. 만약 이런 생각이 다수의 다른 것들처럼 설교나 직접적인 책망이나 성령의 신실한 다루심에 의해 내 마음에 암시되었다면, 나는 이것을 "자존심", "침착", "좋은 가정교육" 또는 "고상한 마음"이라고 부르므로 나 자신을 용서했을 것입니다. 그러나 하나님께서는 이것을 "죄"라고 부르셨습니다.

"눈이 높은 것과 마음이 교만한 것과 악인이 형통한 것은 다 죄니라"(잠 21:4)

하나님의 임재의 서치라이트 앞에서는 나 자신을 해명하려는 시도가 소용없습니다. 나는 요한처럼 나 자신이 하나님을 완전히 의지할 수밖에 없는 존재라는 것과 내 노력들이 별로 가치가 없다는 것을 깨달았습니다. 전에는 한 번도 깨달은 적이 없지만, 나는 나의 최대 노력들마저도 매우 헛되다는 것과 진실로 하나님께서 내 인생을 완전히 주관하셔야 한다는 것과 내가 중요하다고 여기는 것성격, 재능들, 지식, 타고난 능력이 쇠하여야 한다는 것을 깨달았습니다.

그때부터 나는 어떤 사람의 사역의 능력과 성공은 그의 삶에 계신 하나님의 위대하심에 따라서 결정된다는 것을 발견했습니다. 신약의 제자들은 주님께서 함께 역사하셔서 그 따르는 표적으로 말씀을 확실히 증언하시는 것을 전적으로 의지했습니다.

"주께서 함께 역사하사 그 따르는 표적으로 말씀을 확실히 증언하시니라"(막 16:20).

비록 그들은 40년 동안 앉은뱅이로 살면서 친구들에 의해 자신이 늘 구걸했던 장소로 옮겨졌던 한 남자를 예수의 이름으로 명령하여 즉시 고침 받게 하게 하여 걸을 뿐만 아니라 뛰고 달릴 수 있도록 했음에도 자신들의 능력이나 거룩함을 주장하지 않았습니다.

이들은 한때 "주여 주의 이름이면 귀신들도 우리에게 항복하더이다"(눅 10:17)라고 말하면서 기뻐했던 사람들과 동일인들입니다. 이제 그들은 자신들을 낮게 여겼고, 그러므로 더 큰 사역을 위해 준비되었습니다. 그들이 한 말을 들어보십시오.

"베드로가 이것을 보고 백성에게 말하되 이스라엘 사람들아 이 일을 왜 놀랍게 여기느냐? 우리 개인의 권능과 경건으로 이 사람을 걷게 한 것처럼 왜 우리를 주목하느냐"(행 3:12)?
"그 이름을 믿으므로 그 이름이 너희가 보고 아는 이 사람을 성하게 하였나니 예수로 말미암아 난 믿음이 너희 모든 사람 앞에서 이같이 완전히 낫게 하였느니라"(행 3:16).

오직 하나님께서 자기를 따르는 사람의 삶을 증가시키실 때만 능력이 증가할 수 있으며, 이것은 그 자신이 쇠해지기 전에는 절대로 일어날 수 없습니다.
하나님의 사역자들(평신도들도 포함)은 "그것이 힘이나 능력으로 되는 것이 아니라 만군의 여호와의 신으로 말미암아 된다는 것"(스 4:6)을 인식할 수 있었습니다. 여기에서 힘과 능력은 하나님의 힘과 능력이 아니라 사람의 힘과 능력을 일컫습니다. 즉 초자연적인 힘과 능력이 아니라 자연적인 힘과 능력이라는 것입니다. 능력의 근원은 두 가지입니다.
오늘날의 많은 대형교회 조직들은 자기 지역사회 속에서

"능력"과 "영향력"과 "인기"를 자랑합니다. 그들의 능력과 영향력은 그들의 대형화된 교회의 규모와 그들의 거대한 예금액과 그들 조직의 능률과 교인의 수와 "제대로 된" 사람들과 연관된 것으로부터 옵니다.(여기서 제대로 된 사람들이란, 이 세상에서 부요하고 영향력 있는 사람들이지만, 그들 중 다수는 하나님의 능력으로 거듭난 척하고 있으며, 사교 클럽에 가입하듯 교회에 가입한 사람들입니다.)

그들의 좋은 재능과 영적 잠을 만들어내는 예배와 그들을 유명하게 만드는 네 도움을 주는 아름다운 모습들은 "종교적이고 점잖은" 죄인들 속에서 그들에게 능력을 줍니다. 그래서 바울은 성령의 감동을 받고서 그런 사람들에게서 돌아서라고 우리에게 경고한 것입니다.

"경건의 모양은 있으나 경건의 능력은 부인하니 이 같은 자들에게서 네가 돌아서라"(딤후 3:5).

이 사람들은 하나님께서 예전에 그리하셨던 것처럼 자기 선지자 중 하나를 그들의 질서 있고 정숙한 예배에 참석하게 해서 그들의 죄를 책망하며 거룩하고 능력 있는 삶을 살라고 선포한다면 매우 기분 나빠할 것입니다. 그들은 자신들의 예배에 하나님의 능력이 초자연적으로 나타내지도록 사모하거나 인정하지 않습니다.

우리가 좋은 교회 건물을 건축했고, 조직이 효율적으로 운영되도록 만드는 데 성공했고, 재정적 의무를 다 하였으므로 불안정한 두려움을 탈피했고, 수다한 사람에게 복음을 전했다면, 확실한 안전과 능력의 느낌을 받을 것이 확실합니다. 이것 중 잘못된 것은 하나도 없습니다. 우리는 이것들로 인하여 하나님께 기쁜 마음으로 감사드릴 수 있습니다. 그러나 이 모두는 아무 의미가 없습니다.

만약 이것들 안에 성령의 초자연적인 능력이 없다면, 생명 없는 껍데기에 불과합니다. 저 높은 하늘에 닿기 위해 쌓아진 바벨탑에 불과하며, 제아무리 성공을 즐기는 것처럼 보일지라도 실패와 혼동으로 끝나게 될 운명에 놓여있습니다.

재능을 소유하고, 하나님의 영광을 위하여 따로 구별되고 쓰임 받는 것은 복된 일입니다. 지식을 가지면 매우 좋습니다. 제대로 된 시설을 가지면 매우 편안합니다. 하지만 우리가 필요한 것은 하나님의 능력입니다.

우리 도시들에 있는 좋은 교회들은 사람들을 강당에 채우는 것을 매우 부담스러워 합니다.

그러나 다수의 남녀는 도시 변두리에 세워진 거대한 전도용 텐트들 안에 들어가서 하나님의 능력을 최우선시하는 하나님의 사역자들 곧 하나님을 흥하시도록 하기 위해 자신들을 기꺼이 희생하고 있는 사람들의 일을 보려고 앉을 자리를 찾다가 못 찾아 비를 맞으며 밖에 서 있습니다.

스가랴가 말씀한 "힘"은 사람의 힘, 곧 육체의 노력과 자연적인 능력과 재능과 유형과 형식과 의식과 조례와 프로그램과 같은 인간의 능력을 가리킵니다.

초자연적인 것이 사라지면, 사람은 자연적인 것을 그 자리에 가져다 놓을 것입니다. 그는 현실을 위해서 하나님의 능력의 자리를 노래들로 대체할 것이며, 하나님의 진짜 능력이 쇠해지는 동안에 더너욱 화음과 음악 소리를 강조할 것입니다. 나는 좋은 음악을 주신 하나님께 감사드립니다.

하지만 음악은 하나님의 능력이 아닙니다. 자연인의 힘과 능력은 절대로 지상명령을 이루지 못할 것이며, 수다한 영혼에게 구원을 가져다주지 못할 것입니다. 비록 하나님께서 그것들에 성령의 기름을 부으셔서 특정 목적으로 사용하실 수는 있지만, 그것들은 성령을 대체하는 것으로서 사용될 수는 없습니다.

또한, 아름답게 준비된 설교들이 강한 개성과 매력을 가진 사람들에 의해 유창하게 전달된다 해도, 그것만으로는 지상명령을 절대로 완성하지 못할 것입니다. 결국, 설교마저도 우리의 목적이 아닙니다. 설교는 목적을 달성하기 위한 수단에 불과합니다. 만약 좋은 설교와 아름다운 메시지가 지상명령을 수행할 수 있다면, 벌써 오래 전에 그 일이 끝났을 것입니다.

사람들은 쇠해져야 합니다!

그들은 하나님이 없이는 자신들이 아무것도 아니라는 것을 깨달아야 합니다.

만약 설교자들이 자기 설교의 아름다움과 강력함이 아니라 설교 위에 임하는 성령의 기름 부음과 설교하는 사람 안에 능력으로 임하시는 하나님의 역사하심을 깨달아야 합니다. 사람들은 설교를 듣는 것보다 더한 감동이 필요합니다. 그들은 설교가 전해지는 시간에 뭔가를 느껴야 할 필요가 있습니다. 사람들이 설교를 느끼게 하는 분은 성령이십니다.

바울은 무지하거나 배움이 없는 사람이 아니었습니다(다른 제자 중 몇 명도 그랬습니다). 바울은 그 당시 최고의 교육을 받았습니다. 그가 아테네 사람들에게 한 설교는 지금도 최고로 설득력 있고 설교학적이고 문학적인 방식의 고전적 논쟁 중 하나로 인정받고 있습니다(행 17:22-31 참조). 그의 성장배경과 교육과 동료 유대인 가운데서의 명성은 그로 하여금 "나도 육체를 신뢰할 만하며 만일 누구든지 다른 이가 육체를 신뢰할 것이 있는 줄로 생각하면 나는 더욱 그러하리니"(빌 3:4)라고 선언할 수 있게 했습니다. 그러나 그는 이 모든 것을 내려놓았습니다. 그는 기꺼이 쇠해지고자 했습니다.

"그러나 무엇이든지 내게 유익하던 것을 내가 그리스도를 위하여 다 해로 여길뿐더러"(빌 3:7).

우리가 이미 본 바와 같이, 비록 바울이 유창한 연설이 가능했어도 고린도교인들에게 "내 말과 내 전도함이 설득력 있는 지혜의 말로 하지 아니하고 다만 성령의 나타나심과 능력으로 하여"(고전 2:4)라고 편지를 썼습니다. 바울은 그다음 구절에서 자신이 왜 하나님의 능력을 의지하기 위해 자신의 타고난 재능들을 내려놓았는지를 말합니다.

"너희 믿음이 사람의 지혜에 있지 아니하고 다만 하나님의 능력에 있게 하려 하였노라"(고전 2:5).

만약 하나님의 능력이 오늘날 적당한 장소에 부어진다면, 더 많은 사람의 믿음이 하나님의 능력 안에 서게 될 것입니다. 그다지 많지 않은 사람이 구원을 위해 자기의 교회(주님 대신)를 신뢰할 것이며, 그다지 많지 않은 사람이 몇몇 설교자의 성품에 의해 흥분할 것인데, 이는 그들이 하나님의 인도하심 하에 사역할 수 있기 전에는 하나님이나 사람에게 아무 쓸모없습니다.

바울은 자기 설교에 성령이 역사하시는 것이 얼마나 중요한지를 인식했습니다.

"우리가 무슨 일이든지 우리에게서 난 것 같이 스스로 만족할 것이 아니니 우리의 만족은 오직 하나님으로부터 나느니라. 그가 또한 우리를 새 언약의 일꾼 되기에 만족하게 하셨으니 율법 조문으로 하지 아니하고 오직 영으로 함이니 율법 조문은 죽이는 것이요 영은 살리는 것이니라"(고후 3:5-6).

오늘날의 사람들은 생명이 필요합니다(생명은 성령이 아니고서는 올 수 없습니다). 하나님께서는 우리가 자신의 타고난 재능과 인간을 영광스럽게 하는 모든 것을 내려놓고 쇠하게 될 때 새 언약의 능한 사역자들이 되게 하셔서 생명과 구원을 나눠줄 수 있는 사람들이 되게 하실 것입니다.

비록 바울이 좋은 교육과 다양하고 풍성한 경험으로 말미암아 비범한 지식을 가졌던 사람이었지만, 그 모든 것을 기꺼이 내려놓았고, "내가 너희 중에서 예수 그리스도와 그가 십자가에 못 박히신 것 외에는 아무 것도 알지 아니하기로 작정하였음이라."(고전 2:2)고 선포했습니다.

"지식은 교만하게 하며"(고전 8:1). 어떤 사람들은 너무 많은 것을 "알기" 때문에 하나님에게 별로 쓰임 받지 못합니다. 바울은 고린도 교회의 몇몇 교만한 사람에 대해서 말한 것입니다(고전 4:8 참조). 그는 그들이 "너무 머리가 커졌기에" 쇠해지거나 기가 꺾여야 한다는 것을 의미했습니다. 그들은 훌륭한 설교자들처럼 보였지만, 바울은 그들을 판단하는 기준은 그들의 화술이 아니라 능력이라고 선언했습니다. "하나님의 나라는 말에 있지 아니하고 오직 능력에 있음이라"(고전 4:20).

이것이 사실임을 인정하기는 그리 어렵지 않습니다. 우리는 교만 때문에 우리의 본 모습이 아닌 것을 나타내려고 하므로 우리 자신을 자주 드러내려고 하는 어리석은 짓을 합니다.

교만은 다섯 가지 유형이 있습니다.
얼굴의 교만: "우리는 우리 주변에 있는 사람들보다 얼굴이 훨씬 더 잘 생겼습니다!"
지위의 교만: "나와 같은 지위에 있는 사람에게는 그건 거 물어보지 마십시오."
종족의 교만: "우리는 귀한 가정의 출신입니다. 당신이 알다시피, 우리는 어떤 대가를 치르더라도 가문의 영광을 유지해

야 합니다."

속도의 교만: "모든 사람은 우리가 가장 능력 있고 유능한 사람이라는 것을 알아야 합니다. 누구도 우리를 따라오지 못할 것입니다."

은혜의 교만: 교만의 유형 중 가장 나쁜 것입니다. 우리의 영적 성취에 대한 교만, 우리의 금식 길이에 대한 교만, 환상과 꿈과 계시를 받은 것에 대한 교만, 우리가 소유한다고 생각하는 영적 은사들에 대한 교만, 우리가 하나님의 특별한 은혜를 누리고 있다고 느끼는 교만, 그리고 우리의 겸손까지도 자랑스럽게 생각하는 교만. 우리의 교만이 어떤 유형이든지 그것이 풍선처럼 부풀어 올랐다면, 하나님의 참 능력을 소유하기 전에 가장 먼저 해야 하는 것은 자신이 쇠해지는 것입니다.

> "무릇 자기를 높이는 자는 낮아지고 자기를 낮추는 자는 높아지리라"(눅 14:11).
>
> "그러나 더욱 큰 은혜를 주시나니 그러므로 일렀으되 하나님이 교만한 자를 물리치시고 겸손한 자에게 은혜를 주신다 하였느니라"(약 4:6).

만약 하나님께서 교만 때문에 당신을 물리치신다고 말씀

하신다면, 당신은 하나님과 동역하시면서 표적으로 말씀을 확실히 증언하시기를 소망할 수는 없습니다.

예, 나는 쇠해야 합니다. 오직 순금만 남아야 합니다. 하나님께서 원하시는 대로 금제품을 만드시기 전에 모든 납 찌꺼기와 주석은 제거되어야 합니다. 그리고 모든 찌꺼기가 제거되면 작은 순금만 남게 됩니다!

Chapter 09

그는 흥하여야 하리라

여덟 번째 하나님의 음성

대초원을 자동차로 가로지른 적이 있습니까? 그렇다면, 운전하면서 먼 곳에 있는 산을 주시한 적이 있습니까? 처음에는 그 산이 매우 작게 보입니다. 그러나 계속 운전하여 다가갈수록 산은 더 가까이 보이게 됩니다. 당신은 산이 빠르게 커지는 것을 보면서 놀랍니다. 실제로는 그 산이 커진 것이 아닙니다. 당신이 처음 주시했을 때와 여전히 같은 크기입니다. 다른 점이 있다면, 그것은 당신이 그 산 가까이 운전하여 갔다는 것입니다.

이것은 정확히 하나님께서 흥하시게 될 때 일어나는 일입니다. 하나님께서는 모든 사람에게 같은 하나님이십니다. 그러나 어떤 사람들에게는 진정으로 중요한 것은 거의 기대할 수 없는 작고 쪼글쪼글하고 무능한 하나님처럼 보입니다. 그들이 이렇게 생각하는 이유는 그들이 하나님으로부터 너무 멀리 떨어져 있기 때문입니다. 그래서 우리는 "하나님을 가까이하라"(약 4:8) 하는 지시를 받은 것입니다.

하나님께서는 많은 사람에게서 멀리 계시는데, 이는 그들이 하나님과 자신들 사이에 매우 많은 것이 끼어들도록 허락했기 때문입니다. 어떤 사람들은 "마음으로는 하나님을 멀리하면서 입술로는 하나님께 가까이합니다."(마 15:8) 주님께서는 이런 사람들에 대해서 "나를 헛되이 경배하는도다."(9절)라고 말씀하십니다. 하나님께 가까이할 수 있는 유일한 방법은 당신이 온 마음으로 하나님과 당신 사이에 끼어든 것들을 찾아서 제거하기 시작하는 것입니다.

교만은 당신으로 하여금 하나님과 멀어지도록 할 것입니다.

> "여호와께서는 높이 계셔도 낮은 자를 굽어 살피시며 멀리서도 교만한 자를 아심이니이다"(시 138:6).

하나님께서는 당신으로부터 멀리 계시는 동안에는 당신과 일하실 수 없습니다. 당신은 겸손히 하나님께 나아와야 합니다.

어떤 사람들은 "기적의 시대는 지나갔습니다. 교회는 현재 완전하게 세워졌고, 더는 기적이 필요하지 않습니다."라고 말하면서 자신들의 삶에 능력이 부족한 것을 핑계합니다.

성경은 어디서도 이런 생각을 말씀하지 않습니다.

"예수 그리스도는 어제나 오늘이나 영원토록 동일하시니라"(히 13:8).

"여호와의 손이 짧아 구원하지 못하심도 아니요 귀가 둔하여 듣지 못하심도 아니라 오직 너희 죄악이 너희와 너희 하나님 사이를 갈라놓았고 너희 죄가 그의 얼굴을 가리어서 너희에게서 듣지 않으시게 함이니라"(사 59:1-2).

당신에게 능력이 부족한 것을 하나님의 책임으로 보지 마십시오. 책임을 져야 하는 곳에 정확히 책임을 지우십시오. 당신은 하나님에게서 너무 멀어져 있습니다. 왜냐하면, 하나님과 당신 사이에 매우 많은 죄악이 있기 때문입니다.

친구들과 가족들이 당신과 하나님 사이에 들어왔을 수 있습니다.

예수께서는 "아버지나 어머니를 나보다 더 사랑하는 자는 내게 합당하지 아니하고 아들이나 딸을 나보다 더 사랑하는 자도 내게 합당하지 아니하며"(마 10:37)라고 말씀하셨습니다.

생활의 염려가 하나님과 당신 사이에 들어와 있을 수도 있습니다. 생활의 염려는 가라지가 밀 곡식을 숨 막히게 하여 열매를 맺지 못하게 하는 것과 같습니다.

어떤 사람들은 자신들이 이 세상에서 영원히 살 것처럼 자신들의 모든 생각을 이생의 것들에 쏟습니다. 하나님께서는 이런 것들과 더불어 일하실 수 없습니다.

하나님의 마음으로 더 가까이 가고, 잃어버린 영혼들과 고통 받는 사람들을 위한 하나님의 긍휼의 감흥을 느끼기 위해서는 우리의 삶이 짧다는 것과 영원을 피할 수 없다는 것을 지속으로 의식해야 합니다.

어떤 사람들은 감사가 부족하여 하나님에게서 멀어진 채로 살아갑니다. 그들의 삶에는 찬양이 부족합니다. 하나님의 존재와 하나님께서 행하신 일에 대한 진정한 감사는 찬양을 가져올 것입니다. 찬양은 우리를 하나님의 임재 안으로 이끌어갑니다.

"감사함으로 그의 문에 들어가며 찬송함으로 그의 궁정에 들어가서 그에게 감사하며 그의 이름을 송축할지어다"(시 100:4).

이 책을 읽는 독자 중 몇 명은 하나님께서 자기의 성령을 보내셔서 단지 자기 백성과 가까운 곳에 거하시는 정도가 아니라 자기 자녀들 속에 거하기를 원하셔서 자기 백성과 매우 가까이 계시기를 갈망하신다는 것을 알지 못합니다.

당신이 마음을 열고서 하나님의 성령께서 당신을 충만하게 하시고 당신에게 세례를 주시고 당신 몸의 모든 지체를 소유하시도록 허락하면, 전에 없이 하나님과 훨씬 가까이하는 자신을 발견하게 될 것입니다. 그분께서는 당신이 알던 것보다 훨씬 위대하신 하나님이 되실 것입니다.

하나님께서 당신 안에 거하시면서 날마다 가르치시고 인도하시고 아버지와의 더 친밀한 관계와 거룩함의 더 정결한 삶으로 이끌어주시면, 하나님의 위대하심은 더욱더 분명하게 될 것입니다. 하나님께서는 당신의 삶에서 흥하게 되실 것입니다.

당신이 날마다 하나님과 동행하므로 하나님을 더 알고 하나님의 말씀을 더 먹을수록, 하나님께서는 당신 눈에 더 흥하게 되실 것입니다. 우리는 오직 믿음으로만 하나님을 알 수 있습니다.

"믿음은 들음에서 나며 들음은 그리스도의 말씀으로 말미암았느니라"(롬 10:17).

하나님의 말씀을 먹으십시오. 이상하기는 하지만, 하나님의 말씀을 잘 지키지 않으면서도 하나님의 능력을 소유하기를 소망하는 사람들이 있습니다. 하나님께서는 자기의 말씀을 어기는 사람들과 함께하시지 않을 것입니다.

하나님과 우리 사이를 가로막는 죄악들을 우리 삶에서 깨끗이 씻어지도록 도와주는 것은 하나님의 말씀입니다.

"청년이 무엇으로 그의 행실을 깨끗하게 하리이까? 주의 말씀만 지킬 따름이니이다"(시 119:9).

하나님께서는 이 문제로 나를 다루셨을 때, 이것들이 내 삶에 지속하고 죄가 내 속에 머무르도록 용납되면 하나님께서 나에게서 멀리 계실 것이라는 점을 명백하게 말씀하셨습니다.

하나님께서는 나에게서 매우 멀리 계실 것이기에, 나에게는 매우 많은 사람에게 섬김을 받는 사소하고 의미 없는 하나님이 되실 것입니다.

하나님께서 나에게 능력을 주셔서 나를 통해 일하실 정도로 내 삶에 흥하실 수 있었던 유일한 방법은 나와 하나님 사이를 가로막고 있던 모든 것을 제거하는 것이었습니다.

내 인생에 하나님께서 위대하신 여호와로 남아 계실 수 있었던 유일한 방법은 내가 성령의 능력으로 하나님의 말씀의 빛 안에서 지속적으로 행하고, 나 자신을 날마다 쇠하게 만들고, 흥하게 되셔야 하는 분 안에 내가 더욱더 들어가게 하는 것이었습니다.

　하나님께서는 흥하셔야만 합니다. 이 말은 하나님께서 스스로 흥하실 수 있다는 것이 아닙니다. 나는 죽고 하나님께서는 반드시 흥하셔야 합니다. 하나님께서는 영광과 존귀와 권능 가운데 흥하셔야 합니다. 하나님께서는 내 삶을 주관하시는 가운데 흥하셔야 합니다.

　"내가 그리스도와 함께 십자가에 못 박혔나니 그런즉 이제는 내가 사는 것이 아니요 오직 내 안에 그리스도께서 사시는 것이라. 이제 내가 육체 가운데 사는 것은 나를 사랑하사 나를 위하여 자기 자신을 버리신 하나님의 아들을 믿는 믿음 안에서 사는 것이라"(갈 2:20).
　"온 세상이 저를 통해 예수만을 볼 때까지 주님의 영으로 저를 충만하게 하소서."

CHAPTER 10

무익한 말과 어리석은 말을 제거하라

아홉 번째 하나님의 음성

"사람이 무슨 무익한 말을 하든지 심판 날에 이에 대하여 심문을 받으리니"(마 12:36).

어리석은 말과 희롱의 말과 무익한 말보다 진정한 영성의 결핍을 신속하고 완전하게 드러내 주는 것은 없습니다. 다른 사람들에게 관심이 없고, 잃어버린 영혼들과 고통당하는 사람들에 대한 부담이 전혀 없으면서 끊이지 않는 어리석은 말과 무의미한 농담을 흘리고 다니는 것만큼 얄팍한 그리스도인임을 나타내주는 것은 없습니다. 비록 이것이 많은 사람의 눈에 그냥 사소한 문제처럼 보일지라도, 이것보다 더 파괴적이고 더 전염성 있는 영적 질병들은 별로 없습니다.

하나님께서는 어리석은 말을 몇 개의 다른 유쾌하지 않은 무리와 같은 것으로 분류하십니다.

"음행과 온갖 더러운 것과 탐욕은 너희 중에서 그 이름조차도 부르지 말라. 이는 성도에게 마땅한 바니라. 누추함과 어리석은 말이나 희롱의 말이 마땅치 아니하니 오히려 감사하는 말을 하라"(엡 5:3-4).

예수께서는 "속에서 곧 사람의 마음에서 나오는 것은 악한 생각 곧 음란과 도둑질과 살인과 간음과 탐욕과 악독과 속임과 음탕과 질투와 비방과 교만과 '우매함'이니 이 모든 '악한 것'이 다 속에서 나와서 사람을 '더럽게' 하느니라."(막 7:21-23)고 선포하셨습니다.

우매함은 음란과 동일하게 사람을 더럽힐 것입니다. 살인이나 도둑질하지 않은 사람이 많이 있을 것이지만, 그들은 자신들의 말에 의해 더럽혀진 상태로 공개적으로 부끄러움 없이 강단에 서기도 합니다.

나는 하나님께서 병들고 죄 많은 사람들을 구원하시기 위해 강력하게 사용하시는 사람 중 입에 우매함이 가득한 사람을 본 적이 없습니다.

우매한 말을 하는 사람들은 다른 사람들을 즐겁게 해 주고서 자신들의 농담과 허튼소리에 대한 반응으로 몇몇 사람의 다정한 웃음을 얻어내지만, 귀신들린 사람을 구원해야 하는 상황이나 진짜 문제가 발생하여 그들에게 도움과 축복을 가져다주어야 하는 상황이 발생하면 아무것도 해줄 것이 없습니다.

그들은 잠시 평상시의 가벼운 성품을 내려놓고서 심오한 것들을 전하거나 가르치려고 시도할 수 있지만, 그들이 하나님의 말씀을 전하는 것같이 보일지라도 그들의 메시지를 듣는 사람들에게는 정직성과 진정한 설득력이 없게 들립니다. 그들은 마치 소리 나는 구리와 울리는 꽹과리와 같습니다.

나는 하나님의 사람들이 항상 우울하고 기쁨이 없는 모습으로 돌아다녀야 한다는 것을 암시하고 싶은 생각이 없습니다.

하나님의 사람들은 세상에서 가장 행복한 사람들입니다. 하나님께서는 "항상 기뻐하라."(살전 5:16)고 명하셨습니다. 하나님의 사람들은 기뻐서 소리치고, 노래하고, 손뼉 치고, 춤추고, 웃고, 뛸 정도로 매우 행복하게 되어야 합니다. 다음은 이와 같은 것들을 말씀하는 성구들입니다.

"온 땅이여 여호와께 즐거운 찬송을 부를지어다. 기쁨으로 여호와를 섬기며 노래하면서 그의 앞에 나아갈지어다"(시 100:1-2).

"너희 만민들아 손바닥을 치고 즐거운 소리로 하나님께 외칠지어다"(시 47:1).

"춤 추며 그의 이름을 찬양하며 소고와 수금으로 그를 찬양할지어다"(시 149:3).

"그 때에 우리 입에는 웃음이 가득하고 우리 혀에는 찬양이 찼었도다. 그 때에 뭇 나라 가운데에서 말하기를 여호와께서 그들을 위하여 큰일을 행하셨다 하였도다. 여호와께서 우리를 위하여 큰일을 행하셨으니 우리는 기쁘도다"(시 126:2-3).

"다윗이 여호와 앞에서 힘을 다하여 춤을 추는데 그 때에 다윗이 베 에봇을 입었더라"(삼하 6:14).

"그 날에 기뻐하고 뛰놀라. 하늘에서 너희 상이 큼이라. 그들의 조상들이 선지자들에게 이와 같이 하였느니라"(눅 6:23).

"여호와로 인하여 기뻐하는 것이 너희의 힘이니라"(느 8:10).

기쁨이 없는 그리스도인은 연약한 그리스도인이며, 자신이 주장하는 믿음에 대한 불쌍한 대리자이며, 십중팔구 얼마 가지 않아서 신앙을 버릴 것이며, 다른 곳에서 기쁨을 찾으려 할 것입니다.

힘을 가져다주는 기쁨은 주님으로 기뻐하는 것입니다. 이것은 우리 육체의 힘이나 우리 지혜의 힘을 기뻐하는 것이 아닙니다.

"이제도 너희가 허탄한 자랑을 하니 그러한 자랑은 다 악한 것이라"(약 3:2).

어리석고 지나치고 이익이 없는 말로 죄를 지은 다수의 사람은 먼저 나를 광신자로 취급하고 싶은 유혹을 받을 것이며, 그 다음은 자신들의 죄를 방어하려고 일어설 것입니다. 그들은 매사에 너무 진지하게 하는 것은 잘못된 것이라고 선언할 것입니다. 그들은 자신들이 말하는 것을 방어할 성경구절을 찾을 수 없습니다. 잃어버린 영혼들과 고통 받는 사람들을 구원하는 것은 진지한 일이며, 이 일을 하기 위해 성별된 사람은 자기의 온 마음과 생각으로 헌신해야 합니다.

많은 사람은 자신이 택하는 방식대로 말할 수 있는 자격이 있습니다. 그래서 그들은 자신들의 삶에 하나님의 능력을 소유하기보다는 농담과 어리석은 말과 의미 없는 말을 하는 것입니다. 만약 당신이 이런 상태라면, 하나님께서는 당신을 버려두시고 가야 할 것입니다.

하나님께서는 이 세상에서 대리인들이 전하는 말씀을 통해 일하시고자 작정하셨습니다. 예수께서는 이 땅에 계셨을 때 자기 제자들에게 "내가 너희에게 이른 말은 영이요 생명이라"(요 6:63)고 말씀하셨습니다. 당신의 말은 어떠합니까?

야고보는 당신의 입에서 나오는 말을 샘에서 나오는 물에 비유합니다(약 3:10-11). 그는 샘이 항상 같은 물을 내야 한다고 주장합니다. 즉 어떤 때는 단물을 내고, 어떤 때는 쓴 물을 낼 수 없다는 것입니다. 그러고서 그는 "너희 중에 지혜와 총명이 있는 자가 누구냐 그는 선행으로 말미암아 지혜의 온유함으로 그 행함을 보일지니라."(약 3:13)고 말을 잇습니다.

"무릇 더러운 말은 너희 입 밖에도 내지 말고 오직 덕을 세우는 데 소용되는 대로 선한 말을 하여 듣는 자들에게 은혜를 끼치게 하라"(엡 4:29).

덕을 세우는 데 소용이 없는 말들은 쓸데없는 말들입니다. 이것들은 헛된 말들입니다. 하나님께서는 성도의 말을 고귀하게 만들어주는 권세와 능력을 주셨습니다. 고귀한 것들은 헛되어서는 안 됩니다.

예수께서는 "누구든지(바로 당신을 의미함)이 산더러 들리어 바다에 던져지라 하며 그 말하는 것이 이루어질 줄 믿고 마음에 의심하지 아니하면 그대로 되리라."(막 11:23)고 말씀하셨습니다. 이것은 우리에게 권세로 말할 능력을 줍니다. 심지어는 우리의 말은 무생물들도 주관할 수 있는 능력을 받았습니다. 이 능력은 예수께서 바람과 바다에게 말씀하시자 폭풍이 멈췄을 때 사용하셨던 것과 동일한 능력입니다(막 4:39). 이것은 모세가 광야에 있는 바위를 향하여 말하자 물이 터져 나왔을 때 사용한 것과 동일한 능력입니다(민 20:8 참조).

여호수아는 해와 달이 멈추라고 명령했을 때 이 동일한 능력을 사용했습니다(수 10:12-13).

예수께서는 이 능력을 무화과나무에 말씀하셨을 때 사용하셨습니다.

"예수께서 나무에게 말씀하여 이르시되 이제부터 영원토록 사람이 네게서 열매를 따 먹지 못하리라 하시니 제자들이 이를 듣더라"(막 11:14).

주님께서는 무화과나무가 말라 죽을 것을 말씀하셨으며, 그것은 실제로 말라 죽었습니다! 이때는 주님께서 모든 믿는 자에게 동일한 능력과 권세를 명백하게 위임하셨던 때입니다.

예수께서 헛된 말과 쓸모없는 말들은 심판을 받게 된다고 하신 경고는 자신들의 말에 이와 같은 능력을 가질 수 있는 사람들, 곧 자신들의 말이 사탄에게 눌린 자들에게 축귀를 가져다 줄 수 있으며, 잃어버린 영혼들에게 구원을 가져다 줄 수 있으며, 병든 몸에 치유를 가져다 줄 수 있는 사람들에게 하신 것입니다. 그 말은 잃어버린 영혼들에게 생명과 구원이며, 주린 영혼들에게 양식입니다. 그러나 왕겨 같은 말은 이 땅의 죽어가고 굶주리는 영혼들과 고통 받는 인류에게 생명과 구원의 유일한 원천을 주지 않고, 오히려 떡 대신 돌을 줍니다.

생명의 생수를 내야 하는 샘이 완전히 유쾌하지 않고 유익이 없는 허황됨과 어리석음의 물을 내고 있습니다. 그날 곧 우리의 행위와 말이 "만일 누가 말하려면 '하나님의 말씀'을 하는 것 같이 하고"(벧전 4:11)라고 하신 하나님의 말씀을 기준으로 심판 받게 되는 날이 오면, 당신은 우리의 재판장께 무슨 말을 하려 하십니까?

무슨 일이 있어도 어리석음을 고집하는 사람들은 어떤 한 성별된 사람이 본 환상 속의 젊은 여인들과 같습니다. 그 젊은 여인들은 무서운 벼랑으로 서둘러 가다가 즉시 떨어져 밑에 있는 바위들에 부딪혀 죽을 사람들에게 경고하려고 데이지 체인(daisy chains, 자기 확보줄)을 매우 바삐 만들고 있었습니다. 그러나 이것은 영혼들을 긍휼히 여기시는 그리스도의 영과는 거리가 멉니다.

나는 그리스도인의 대화나 설교에 유머가 섞이면 안 된다는 것을 말하는 것이 아닙니다. 우리의 말이나 설교는 자주 유머러스하면서도 거룩할 수 있습니다. 특히 유머가 어떤 것을 설명할 때 사용되면 듣는 사람들의 관심과 주의를 끌고 복음의 메시지를 알아듣게 하여서 그들의 영혼이 깨어나게 하고 하나님께로 돌아오게 하는 데 매우 유익할 수 있습니다.

매우 많은 그리스도인이 매우 많은 헛된 말들을 하는 이유는 그들이 '매우 많은 말'을 하기 때문입니다. 그들은 생각할 시간이나 하나님의 음성을 들을 시간이 없을 정도로 말을 많이 합니다. 어리석은 말은 매우 쉽게 나옵니다. 우리는 그것들을 생각조차 하지 말아야 합니다. 우리는 어디서나 어떤 대화든지 들을 수 있으며, 반복된 대화를 통해 나오는 결과를 얻게 됩니다.

이 시대의 정신은 끊임없이 증가하는 경솔한 정신이며, 이것은 죄인과 성도를 모두 진지한 사고를 하기 어렵게 만듭니다. 이것은 "인생을 너무 심각하게 살지 마십시오. 결국, 당신은 절대로 살아서 세상을 떠나지는 못할 것입니다."라고 하는 반복된 말을 할 것입니다.

이 세대는 "잠잠해지는 공부"를 하기 위해, 그리고 능력이 있는 하나님의 말씀을 할 수 있도록 충분한 시간을 하나님 앞에서 기다리려고 진짜 노력과 헌신을 해야 합니다. 지혜로운 사람은 그렇게 할 것입니다.

"말을 아끼는 자는 지식이 있고"(잠 17:27).

"미련한 자의 입은 미련한 것을 즐기느니라"(잠 15:14).

"말이 많으면 허물을 면하기 어려우나 그 입술을 제어하는 자는 지혜가 있느니라"(잠 10:9).

"말이 많으면 우매한 자의 소리가 나타나느니라"(전 5:3).

이 책의 전장들에 이미 언급한 바와 같이, 능력을 얻기 위해서는 거룩함이 필요합니다. 그리고 거룩함은 혀를 제어하기 전에는 완전해지지 않습니다.

"오직 너희를 부르신 거룩한 이처럼 너희도 모든 행실에 거룩한 자가 되라"(벧전 1:15).

당신이 구원을 잃어버린 영혼들과 고통당하는 사람들에게 가져다 줄 준비가 되기 전에는 그들이 절대로 구원을 얻지 못할 것이기에, 나는 당신이 이 문제를 놓고 진지하게 숙고하기를 간청합니다.

당신 자신을 하나님께 새롭게 성별 하십시오. 당신의 몸을 하나님께 산 제사로 드리십시오. 그리고 당신의 혀와 입술과 목소리도 하나님께 산 제사로 드리는 것을 잊거나 등한시하지 마십시오.

"너희 말을 항상 은혜 가운데서 소금으로 맛을 냄과 같이 하

라. 그리하면 각 사람에게 마땅히 대답할 것을 알리라"(골 4:6).

"디모데야 망령되고(거룩하지 않고) 헛된 말(무의미하고 가치 없는 말)과 거짓된 지식의 반론을 피함으로 네게 부탁한 것(하나님의 위치에서 말하고 구원하는 능력)을 지키라"(딤전 6:20).

나는 이 책을 읽는 모든 독자가 제단 위에 모든 것을 올려놓고서 잃어버린 영혼들과 고통 받는 사람들을 위해 짐을 질 수 있는 장소로 가기를 바라며, 그들이 자신들의 삶에 있는 하나님의 능력을 방해하는 모든 것을 없애버리기를 기도합니다.

하나님께서는 당신 없이 가실 수 있습니다. 그러나 만약 당신이 하나님과 함께 가기를 원한다면, 반드시 하나님의 길로 가야 합니다. 이제 어리석음을 내려놓으십시오. 소용돌이에서 빠져 나와서 하나님의 능력의 시내로 들어오십시오.

오직 당신이 믿고, 하나님의 조건들에 맞추고, 대가를 치르면, 이 약속들은 당신을 위한 것들입니다.

CHAPTER II

너의 몸을
산 제사로 드리라

열 번째 하나님의 음성

"그러므로 형제들아 내가 하나님의 모든 자비하심으로 너희를 권하노니 너희 몸을 하나님이 기뻐하시는 거룩한 산 제사로 드리라. 이는 너희가 드릴 영적 예배니라"(롬 12:1).

하나님께서는 자신에게 속하지 않은 것들을 사용하시는 습관을 두신 적이 없습니다. 주님께서는 자신에게 양도된 것들을 사용하십니다. 성별된 것들을 사용하십니다. 거룩하게 된 것들, 곧 하나님께 쓰임 받기 위해 따로 세움을 받은 것들을 사용하신다는 것입니다.

당신은 하나님께서 당신을 사용하시기를 원합니까? 그렇다면 당신의 몸을 하나님께 드려야 합니다. 몸이 하나님께 온전히 넘겨지고 바쳐져야 합니다. 하나님께 온전히 양도되고 바쳐지지 않은 몸은 사탄이나 자기 자신에게 여전히 좌지우지되고 있는 것입니다.

의심의 여지없이, 수다한 사람이 특별한 때에 주님의 나라를 확장하는 데 쓰임 받으려고 주님께 자신들의 몸을 바쳤습니다. 그러나 그들이 하나님으로부터 쓰임 받지 못했다는 것과 자신들을 하나님께 바친 사람 중 다수가 받아들여지지 않았다는 것은 명백한 사실입니다.

하나님께서는 일꾼들이 필요 없어서 그들을 거절하신 것이 아닙니다. 그리스도께서는 더 많은 일꾼을 보내달라고 기도할 것을 명령하셨는데, 이는 "추수할 것은 많되 일꾼이 적기 때문입니다"(마 9:37).

하나님께서는 그들의 핸디캡 때문에 그들을 거절하신 것이 아닙니다. 왜냐하면, 하나님께서는 타고난 자질이 적어 보이는 사람들도 자주 사용하셨기 때문입니다. 하나님께 크게 쓰임 받은 베드로와 요한은 "본래 학문 없는 범인"(행 4:13)이었습니다.

모세는 말에 둔한 자였습니다.

"하나님께서 세상의 천한 것들과 멸시 받는 것들과 없는 것들을 택하사 있는 것들을 폐하려 하시나니 이는 아무 육체도 하나님 앞에서 자랑하지 못하게 하려 하심이라"(고전 1:27-28).

당신은 자신이 핸디캡이 있다고 생각합니까? 모든 사람은 어떤 유형이든지 핸디캡이 있습니다.

한 젊은이가 구원을 받았습니다. 그래서 그는 하나님의 비할 데 없는 은혜를 다른 사람들이 알도록 거리집회에서 간증하기를 원했습니다.

하지만 그는 말을 더듬는 습관 때문에 간증할 수가 없었습니다. 그런데 하나님에 대한 그의 사랑과 하나님을 위해 일하고자 하는 그의 갈망이 그로 하여금 무릎을 꿇고서 다시금 사람들 앞에 서게 해달라고 구하도록 했습니다.

하나님께서는 그의 부르짖음을 들으셨고 그를 도우셨습니다. 그는 위대한 복음전도자가 되었으며, 뉴욕에서 해마다 열리는 대형 캠프미팅에 가장 많이 초청받는 강사로 오랜 세월 활동했습니다.

하나님께서 기뻐하실 제사가 되기 위해서는 당신의 몸이 강하거나 아름다울 필요가 없습니다. 오래 전 미국 인디언들에게 복음을 전한 위대한 선교사 데이비드 브레이너드는 폐병으로 죽을 것이라는 선고를 받았습니다. 그는 몇 주 더 살 수 있는 유일한 기회는 완전한 쉼이라는 충고를 받았습니다. 그러나 그는 자신이 가지고 있던 것을 하나님께서 기뻐하실 만한 것으로 만들어서 바쳤습니다. 그는 하나님 앞에 엎드려서 "저에게 영혼들을 보내주시든지, 저를 데려가시든지 하십시오."라고 부르짖었습니다. 그 후에 그는 일어나서 하나님께서 자기 마음에 감동하신 사람들 가운데서 열매가 풍성한 사역을 오랫동안 하면서 수천 명을 그리스도께로 인도했습니다.

하나님께서 어떤 사람들을 거절하시는 단 하나의 이유는 그들이 기뻐하실 만한 사람들이 아니기 때문입니다.

하나님께서는 "기뻐하시는 제사"에 대해서 두 가지를 요구하십니다.

하나님께서 기뻐하시는 제사는 거룩해야 합니다. 그리고 하나님의 것이 되어야 합니다.

거룩하지 않은 것은 하나님께 혐오스러운 것입니다. 하나님의 일을 위해서 바쳐진 제물이 이 세상의 습관과 죄악으로 더럽혀졌다면, 그것은 안티오쿠스 에피파네스에 의해 예루살렘 성전의 거룩한 제단 위에 바쳐진 돼지보다 하나님께서 더 기뻐하시는 제물이 아닙니다. 그것은 받아들여지지 않을 것입니다.

하나님의 것은 오직 일요일과 수요기도회 때에만 하나님의 것이 되어서는 안 됩니다. 매일 낮과 매일 밤에 하나님의 것이 되어야 합니다. 이것은 조건들이 달리지 않은 채로 드려져야 합니다. 이것은 "저는 이것에 대해서 지금부터 영원까지 모든 권한을 포기합니다. 이것은 주님께서 쓰시도록 따로 구별한 것입니다. 쓰시지 않으려거든 파괴해버리십시오.

주님께서 이것을 어떻게 쓰시든지, 이것은 주님의 것입니다.

저는 은밀한 기도사역과 개인적으로 간증하는 것만 어울릴 뿐입니다.

이 사역이 저의 고향에서 해야 한다 해도, 저는 괜찮습니다.

제가 바다 건너 먼 곳, 낯선 땅과 비우호적인 사람들에게 가야 하거나, 제 믿음을 지키기 위해 박해자들의 손에 죽어야 하거나, 죽는 것보다 더 나쁜 상황에서 살아야 하거나, 이 몸은 여전히 주님의 것입니다.

원하시는 대로 제 몸을 써 주십시오.

이 몸을 먹이셔도 되고, 굶기셔도 됩니다.

이 몸을 북극에서 춥게 하시든지, 아프리카에서 더위에 고생하게 하시든지 괜찮습니다.

제 몸을 높이시든지, 낮추시든지 상관없습니다.

이 몸은 전부 주님의 것입니다."라는 마음의 부르짖음과 함께 받쳐져야 합니다.

주님께서 기뻐하시는 헌신은 "주님께서 원하시는 요구사항들을 이 종이에 쓰십시오. 이것은 주님께서 제 삶을 사용하실 수 있는 계약서입니다."라고 말씀드리면서 하단에 당신의 이름이 서명된 빈 종이를 하나님께 넘겨드리는 것과 같습니다.

이 제사는 특정한 부르심들이나 성령의 요구들이 우리에게 주어진 후 우리가 '예스'나 '노'라고 말씀드리기 전에는 완성된 것이 아닙니다.

이 제사가 어떠한 것이든지, 어떤 대가를 치러야 하든지, 이 제사는 내 삶 전부를 드려 하나님의 뜻을 행하려고 결심하는 것입니다. 이 제사는 "너는 네 것이 아니다."라는 것을 인식하는 것입니다.

당신이 작은 제사를 드리면, 작은 능력과 작은 축복을 얻게 될 것입니다. 그러나 만약 당신이 하나님의 기적을 행하는 능력이 한량없이 넘치는 것을 진정으로 경험하고자 한다면, 당신의 몸을 하나님께서 기뻐하시는 거룩한 산 제사로 드려야 합니다.

CHAPTER 12

신성한 성품에 참여하는 자

열한 번째 하나님의 음성

"이로써 그 보배롭고 지극히 큰 약속을 우리에게 주사 이 약속으로 말미암아 너희가 정욕 때문에 세상에서 썩어질 것을 피하여 '신성한 성품에 참여하는 자'가 되게 하려 하셨느니라"(벧후 1:4).

하나님은 전능하십니다. 이 세상에는 하나님에게서 오는 능력 외에 영원히 지속하는 능력이 없습니다. 그리스도께서는 육체로 이 세상에 오셔서 자기의 능력은 하나님에게서 온 것이라고 선포하셨습니다.

"내가 스스로 아무 것도 하지 아니하고"(요 8:28).
"아들이 아버지께서 하시는 일을 보지 않고는 아무 것도 스스로 할 수 없나니"(요 5:19).
"내가 아버지 안에 거하고 아버지는 내 안에 계신 것을 네가 믿지 아니하느냐? 내가 너희에게 이르는 말은 스스로 하는 것이 아니라 아버지께서 내 안에 계셔서 그의 일을 하시는 것이라"(요 14:10).

그리스도께서는 요한복음 14장 10절에서 강조하여 말씀하신 후 자기 제자들에게 "내가 진실로 진실로 너희에게 이르노니 나를 믿는 자는 내가 하는 일을 그도 할 것이요 또한 그보다 큰일도 하리니 이는 내가 아버지께로 감이라."(요 14:12)고 말씀하셨습니다. 그리스도의 사역과 열매가 아버지 안에 거해야 한다는 조건이 붙었던 것처럼, 우리의 사역과 열매도 아버지 안에 거해야 한다는 조건이 붙습니다.

"내 안에 거하라. 나도 너희 안에 거하리라. 가지가 포도나무에 붙어 있지 아니하면 스스로 열매를 맺을 수 없음 같이 너희도 내 안에 있지 아니하면 그러하리라"(요 15:4).
"나를 떠나서는 너희가 아무 것도 할 수 없음이라"(요15:5).

가지는 포도나무의 본질에 포함된 존재입니다. 같은 진액이 가지로 흐릅니다. 목재의 질감이 같습니다. 잎사귀들이 같습니다. 열매가 같습니다. 나무껍질이 같습니다. 가지는 포도나무의 일부입니다. 가지가 포도나무에 붙어있는 동안에는 포도나무가 할 수 있는 것은 무엇이든 할 수 있습니다. 그러나 가지가 포도나무에서 분리되거나 잘리면, 포도나무가 할 수 있는 것을 더는 할 수 없게 됩니다. 생명을 주는 진액은 가지로 흘러가기를 멈추게 되며, 더는 포도나무의 본질에 포함되지 못하게 됩니다. 포도나무의 본질은 열매를 맺는 것이지만, 잘린 가지는 절대로 열매를 맺을 수 없습니다. 가지들은 "잘릴" 수 있으며, 가지치기 당할 수 있습니다.

성경은 은혜로 구원받은 죄인들인 우리를 접붙임 받은 돌감람나무로 비유합니다. 접붙임 된 우리는 참감람나무 "뿌리의 진액"을 함께 받는 자가 되었습니다(롬 11:17). 만약 접붙임이 잘 이루어지고, 가지와 나무 사이에 이물질이 끼어 있지 않아서 새로운 가지 속으로 진액이 흘러가는 것을 방해하지 않는다면, 그 가지는 곧 그 나무의 다른 부분들처럼 보이고 기능하게 됩니다.

하나님의 신령한 성품에 참여하는 자로 만들어진 것은 큰 영광입니다. 사람들은 이제 우리가 예수와 함께 있었다는 것과 예수께서 하신 일을 우리도 하게 됐다는 것을 깨달을 것입니다.

우리는 오직 하나님의 약속들을 믿는 믿음으로만 하나님의 성품에 참여하는 자들이 될 수 있습니다. 우리는 성령의 은사들을 사용할 때 효과적으로, 성령의 열매를 맺을 때 본질적으로, 하나님의 성품에 참여하게 됩니다. 하나님께서는 우리가 성령의 은사들을 사용할 때 자기의 기적 행하는 능력을 우리를 통해 나타내십니다.

"우리에게 주신 은혜대로 받은 은사가 각각 다르니 혹 예언이면 믿음의 분수대로"(롬 12:6).

성령의 은사들은 우리가 하나님을 위해서 할 수 있는 모든 일의 비결입니다. 은사들은 믿음의 분수대로 이루어집니다. 우리는 믿음의 분수대로 하나님의 성품에 참여하는 사람들입니다. 작은 믿음, 곧 가지가 가까스로 살아있어서 진액이 가까스로 공급되면, 몇 개 안 되는 푸른 잎사귀가 얼마의 열매를 맺을지를 약속해줍니다. 더 큰 믿음, 곧 더 풍성한 하나님의 성품과 열매를 얻게 됩니다. 큰 믿음, 곧 생명을 주는 풍성한 생명은 진액이 가지의 모든 부위로 막힘없이 흘러가게 해서 열매의 무게가 가지를 거의 땅에 닿도록 합니다.

그리스도의 신령한 성품에 참여하는 사람은 그리스도의 온유와 겸손의 성품에 참여하는 자가 될 것입니다. 그리스도의 성품인 사랑과 긍휼은 우리 일상의 모든 활동과 인간관계 속에 분명하게 나타날 것입니다. 그리고 충성과 친절과 경건과 오래 참음과 화평과 섬김의 희락과 절제는 신령한 성품에 참여하는 사람의 삶의 일부가 될 것입니다. 이것들은 그리스도께서 당신 안에 거하러 오시기 전에는 당신의 본질의 일부가 되지 않습니다.

오직 당신이 주님의 성품에 참여하는 사람이 될 때, 이것들이 당신의 옛 것인 세속적 성품을 대신할 것입니다. 그리고 당신이 주님의 신령한 성품에 참여하는 사람이 될 때, 성령의 인도하심을 따르는 지혜가 올 것입니다. 이 지혜는 순전히 육체적인 지혜가 아니며, 단순히 관찰을 통해서 얻는 지혜가 아닙니다. 이 지혜는 성령의 인도를 받은 지혜로서 성령의 인도하심을 이해하지 못하는 사람들에게는 이해할 수 없는 것입니다.

당신의 마음에는 하나님의 마음에 저장된 지식으로부터 나오는 지식이 들어올 것입니다. 하나님께서는 당신이 알아야 하지만 알 수 있는 다른 방법이 없는 것들을 계시하실 수 있으며, 또한 계시하실 것입니다.

하나님께서 능력이시기에 당신에게 능력이 있을 것입니다.

기적들과 표적들이 따를 것입니다.

병든 사람들이 고침 받을 것이며, 앉은뱅이가 걸을 것이며, 암이 당신의 명령을 듣고 사라질 것입니다.

눈먼 사람이 보게 될 것이며, 귀머거리가 듣게 될 것입니다.

필요한 경우에는 사람들 속에 있는 비밀들이 드러날 것입니다.

영혼들은 영적 죽음의 잠에서 깨어날 것이며, 새로운 피조물로서 하나님 나라로 이끌림 받을 것입니다.

육체의 죽음을 맛본 사람 중 몇 명은 하나님의 뜻 안에서 다시 살아나게 될 것입니다.

하나님께서는 사람을 외모로 취하시지 않습니다. 모든 사람에게 능력에 대한 동일한 대가가 주어질 것입니다. 그리고 그 대가를 치르는 모든 사람에게 동일한 능력이 주어질 것입니다.

하나님을 위해서 하나님의 "대단히 위대하고 고귀한 약속들"을 믿음으로 취하는 모든 사람, 하나님께서 의도하신 그것을 온 마음으로 믿는 사람, 곧 하나님의 신령한 성품에 참여하는 사람에게는 믿음의 새로운 모험을 하도록 문이 열려 있습니다.

CHAPTER 13

사적인 것들을 버리라

열두 번째 하나님의 음성

지금까지 내가 당신에게 이 열한 주제를 말하는 동안에 하나님께서 이것들을 사용하셔서 당신이 실제로 하나님께 더 가까이 가게하고 당신 삶에 하나님의 기적 행하는 능력을 받는 자리로 이끌어주셨음을 믿습니다.

당신은 매우 사적인 두 가지 주제에 관해서 여러 번 궁금해 했을 것입니다. 이 장은 "사적인 것들"에 관하여 다룰 것입니다. 나는 그것들이 무엇인지 당신에게 말해줄 수 없습니다. 나는 주님께서 내 마음 깊은 곳에서 내가 당신에게 그것들에 관하여 말하는 것을 허락하시지 않는다는 것을 느끼고 있습니다. 그러나 당신이 이 책을 읽고, 성경을 읽고, 기도하면서 주님을 기다리면, 당신도 몇 개의 "사적인 것들"을 발견하게 될 것으로 확신합니다.

나는 당신이 "푯대를 향하여 그리스도 예수 안에서 하나님이 위에서 부르신 부름의 상을 위하여 달려가야 한다"(빌

3:14)는 감동을 받았기를 기도합니다. 하나님께서 당신의 삶에 기적을 행하는 능력으로 역사하시기까지 끊임없이 달려가기를 기도합니다. 하나님의 눈앞에서 온전해지고, 하나님의 온전한 뜻 안에 거하기를 위해 힘써 노력하기를 기도합니다.

> "그러므로 누구든지 우리 온전히 이룬 자들은 이렇게 생각할지니 만일 어떤 일에 너희가 달리 생각하면 '하나님이 이것도 너희에게 나타내시리라'"(빌 3:15).

이것은 하나님의 약속입니다. 당신은 하나님께서 또렷하게 지적하신 나의 사적인 죄들에 관하여 알아야 할 필요가 전혀 없습니다. 그러나 하나님께서 당신이 소유하기를 원하시는 바로 그 능력을 소유하지 못하도록 하는 당신의 오랜 죄들을 인식해야 할 필요가 있습니다.

나는 전도자로서 많은 지역으로 다니면서 얻은 경험과 목회를 하면서 얻은 경험을 통해서 대다수 사람이 오랜 세월동안 소중히 여기고 애지중지하고 애완하며 키워온 죄들이 있다는 것을 발견했습니다. 바울은 이것을 일컬어 "얽매이기 쉬운 죄"(히 12:1)라고 했습니다. 곧 당신을 "끊임없이 붙어 다니는 죄"라는 것입니다. 바울은 또한 우리가 경주의 끝에서

상을 얻고자 한다면, 이것을 벗어 버리라고 말씀합니다. "모든 무거운 것과 얽매이기 쉬운 죄를 벗어 버리고 인내로써 우리 앞에 당한 경주를 하며."

영향력 있는 크리스천 사역자였던 사람 중 다수는 버리지 못한 애완 죄(pet sin)의 무거운 짐에 의해 매우 좌절했습니다. 그래서 그들은 이미 오래 전에 경주를 포기했고, 회의론자들이 되었습니다. 그들은 믿는 자에게는 표적이 따를 것이라는 말씀과 그리스도께서 하신 일을 그도 할 것이라고 하시며 약속하신 능력에 관한 예수의 말씀을 의심합니다.

오늘날 이 땅의 허다한 사람이 하나님의 능력의 충만함을 통해 하나님을 알려고 하는 모든 소망을 포기하려 하고 있습니다.

포기하지 마십시오.

하나님과 함께하십시오.

무슨 대가를 치르더라도, 하나님께서 당신의 애완 죄를 보여주실 때까지 전심으로 하나님을 찾으십시오.

당신이 하나님의 능력을 경험할 수 있게 되기 전에 당신의 삶에 있는 것 중 깨끗하게 되어야 하는 것을 보여주실 때까지 하나님을 찾으십시오.

어느 날, 한 부자 청년이 예수를 찾아왔습니다. 그는 자신의 종교적 경험이 무엇이 틀렸는지 알고 싶어 안달했습니다. 그는 매우 간절했기 때문에 실제로 달려와서 주님의 발 앞에 엎드렸습니다.

그가 "제가 무엇을 해야 하나요?"라고 여쭈었을 때, 주님께서는 "네게 아직도 한 가지 부족한 것이 있다."라고 말씀하셨습니다. 그러고서 그리스도께서는 그 청년의 애완 죄를 지적하시면서 그 죄를 버리는 방법을 가르쳐 주셨습니다(막 10:21 참조).

당신이 주님을 찾을 때, 주님께서는 그 젊은 부자 청년에게 그리하셨던 것처럼, 항상 당신의 애완 죄를 지적하신다는 것을 기억하십시오. 만약 당신이 그 죄를 제단 위에 올려놓지 않으면, 그 청년이 그리했던 것처럼 슬픈 기색을 띠고 근심하며 떠나게 될 것입니다.

하나님께서 당신에게 말씀하실 때는 그 음성이 아무리 작아도 순종하십시오. 그 애완 죄를 버리고, 하나님과 동행하십시오.

당신의 애완 죄는 무엇입니까? 그것은 당신이 당신의 목사가 설교하기를 원치 않는 바로 그 죄를 일컫습니다.

이 죄는 당신이 항상 평계를 댈 준비가 되어 있는 죄입니다.

비록 당신이 이것을 죄로 인정하지 않을지라도, 당신은 다른 사람이 이 죄를 찾아내지 않을 것으로 생각할 때에 하기를 좋아하는 죄입니다.

이 죄는 당신을 가장 쉽게 사로잡히도록 하는 죄입니다.

이 죄는 당신이 항상 방어할 준비를 하는 죄입니다.

이 죄는 당신이 하나님과 만나야 할 필요를 진정으로 느낄 때마다 당신의 영적 하늘에 의심과 회한의 구름을 일으키는 죄입니다.

이 죄는 당신이 가장 포기하기를 원치 않는 죄입니다.

이 죄는 당신의 생각에 매우 작으므로 하나님께서 좀처럼 보시기 어려운 것이며, 당신에게는 매우 큰 것이므로 이것 없이는 절대로 살 수 없는 죄입니다.

그러나 이 죄는 당신이 내던져야 할 죄입니다. 내던지지 않으면 경주를 중단해야 할 것입니다.

그리고 마지막으로, 이 죄는 당신이 지속해서 이것을 약점으로 믿으려고 하는 죄입니다. 당신 자신에게 솔직해지십시오. 이것을 죄라고 부르십시오.

질투를 경계함이라고 부르지 마십시오.

만약 당신이 탐심이 많다면, 자신을 경제적이라고 부르지 마십시오.

만약 당신이 교만 죄를 지는 중이라면, 이것을 자기존중으로 변장시키지 마십시오.

만약 당신이 진실을 계속 과장하는 사람 중 하나라면, 진실이 아닌 것은 거짓임을 인정해야 합니다.

당신은 비뚤어진 귀신에 사로잡혀 있습니까?

그렇다면, 주의하십시오. 주의하지 않으면, 당신이 자신을 매우 견고한 사람인 것처럼 자랑할 것입니다. 만약 당신이 사로잡힌 죄가 음란이라면, 당신이 태생적으로 성욕이 지나치다는 식으로 자신을 면제하지 마십시오.

비판적인 태도를 분별의 은사라고 부르지 마십시오. 또는, 당신이 본질적으로 판단을 잘하는 사람이라고 주장하지 마십시오.

당신은 조바심치고 불평합니까? 사탄은 당신이 신경이 과민하다는 것과 당신 같은 상황에서는 그렇게 안달하지 않을 수가 없다고 말할 것입니다.

당신 자신과 하나님께 솔직해지십시오. 이것이 무엇이든지, 정확하게 부르십시오. 만약 이것이 죄라면 죄라고 부르고, 하나님 앞에 무릎 꿇고서 당신을 자유롭게 하여 승리자가 되게 해달라고 구하십시오.

많은 사람은 "왜 모든 사람이 그렇게 하는 거죠?"라고 지적하면서 자신들이 지은 많은 "작은" 죄를 스스로 용서합니다.

당신은 다른 사람들의 실수들을 당신 삶의 양식으로 형

성시킬 수 없다는 것을 기억하십시오.

당신은 하나님께서 이것에 관하여 그들에게 많이 말씀하시지 않았다는 것을 어떻게 압니까? 그들처럼 불순종의 죄를 저지르지 마십시오.

만약 하나님께서 그들에게 이에 관하여 말씀하시지 않았다면 어떻게 하냐고요?

베드로가 다른 제자는 어떻게 될 것인지에 관하여 예수께 여쭈었을 때 예수께서 베드로에게 "네게 무슨 상관이냐 '너는 나를 따르라'"(요 21:22) 하고 권고하신 것을 기억하십시오.

자신을 성별(聖別) 하기 위해서는 다뤄야 할 사적인 것들이 많습니다. 예를 들어, 다수의 가짜 그리스도인은 자신이 읽어야 할 분량만큼 성경을 읽지 않는다는 것을 시인합니다. 그들은 자신들이 매우 바쁘기에 성경을 읽을 시간이 없다고 말합니다. 그러나 그들은 모든 신문과 일요 만화책과 많은 잡지와 소설을 읽을 시간은 있습니다. 결론적으로 말하자면, 그들에게는 만화책과 잡지와 소설이 하나님의 말씀보다 더 중요합니다. 이 사람들의 삶에 그리스도께서 계셔야 할 합법적인 자리를 그것들이 차지했습니다.

이런 책 중 어떤 것은 읽는 자체만으로도 죄가 됩니다. 그러나 대다수 책은 그리스도를 삶에서 몰아내는 것 외에는 해가 없습니다.

오늘날 주 예수 그리스도를 믿는다고 고백하는 사람 중 다수가 구기 종목들과 토크쇼들과 감성을 자극하는 드라마들을 보는데 투자한 시간을 기도 골방에서 하나님의 음성을 듣기 위해서 투자했다면 더 큰 능력을 얻었을 것입니다. 이것들은 "포도원을 허는 작은 여우들" 중에 속한 것들입니다. 이것들은 하나님의 백성의 연한 포도와 열매를 파괴합니다.

다수의 사람이 텔레비전 앞에서 씨름대회를 보느라 보낸 시간을 사탄과 통치자들과 권세들과 이 어둠의 세상 주관자들과 하늘에 있는 악의 영들과 씨름하기 위해 보냈다면, 그들의 삶은 훨씬 더 강력하게 되었을 것입니다(물론 그들은 극장에는 가지 않을 것입니다).

항상 가혹하고 중대한 죄들만이 인간과 하나님 사이에 서 있는 것은 아닙니다. 실제로, 하나님께서 사람들을 위해 예비한 최상의 것들을 받지 못하게 하는 죄들은 "모든 사람이 저지르는 것들"입니다. 나는 "모든 사람"이라고 말하므로 조금 천천히 가고자 합니다. 방황하고 죄로 물들었고 그리스도를 거부하고 지옥으로 향하는 세상의 짐을 지고 가는 사람들, 곧 그들이 하게 될 것이라고 그리스도께서 약속하신 사역들을 하는 사람들, 표적이 따르는 사역을 하는 사람들, 고통 받는 사람들에게 구원을 가져다주는 사람들은 이런 죄들을 이미 오래 전에 버렸습니다.

당신은 "우리 교인 중 거의 모두가 그것을 하는데요."라고 옳게 말할 수 있습니다. 그러나 그들은 이런 것들을 하는 동안에 왜 자신들의 삶에 하나님의 기적 행하는 능력이 없는지, 그리고 성령의 은사들이 역사하지 않는지를 궁금해 하고 있습니다.

그들 중 다수는 자신들이 휴거 받을 준비가 되었는지도 확신하지 못합니다. 나는 자신들이 그리스도의 다시 오실 때를 위해 준비되었는지를 모르는 사람들을 위해 주님의 다시 오심에 관해 설교한 후 자주 강단 초청을 했습니다. 나는 자신들이 구원받았다고 고백한 사람과 심지어 성령 충만하다고 주장하는 사람 중 다수가 손을 드는 것을 보면서 대경실색한 적이 한두 번이 아닙니다. 오늘날의 소위 성도라 하는 사람 중 다수는 자신이 휴거 받을 준비가 되어있는지 알만큼 충분히 승리하는 삶을 살지 않고 있다는 것이 분명합니다. 이런 사람들은 한결같은 기적 행하는 능력을 소유할 수 없습니다. 그들은 기도에 대한 응답을 가끔 받을 수는 있지만, 우리가 사는 이 시대와 우리에 관한 세상의 상태는 그것보다 더한 것을 요구하고 있습니다. 당신은 이런 사람들을 따라서 당신의 삶의 양식을 형성시킬 수 없습니다. 우리가 우리 삶의 모범을 삼기에 합당한 분이 계십니다. 그분은 예수이십니다.

어떤 사람들은 이 책에 기록된 거룩함에 관한 가르침을 받아들이고 싶지 않을 것입니다. 당신이 그것을 받아들이지 않는다 해도 나는 사과하지 않을 것입니다. 나는 이 책 전체에서 예수를 전달했습니다. 만약 당신이 하나님의 뜻에 동의하지 않는다면, 이제 자신을 살피고서 그 뜻에 동의하십시오.

"두 사람이 뜻이 같지 않은데 어찌 동행하겠으며"(암 3:30).

만약 당신이 하나님과 동행하기를 기대하고, 하나님의 일을 하기 위해 당신 삶에 능력이 있기를 원한다면, 지금은 하나님의 뜻에 동의해야 할 때입니다.

당신이 전적으로 하나님의 뜻에 동의하면, 다른 것들에 동의하지 않게 될 것입니다. 이전에 존중받고 가치를 인정받았던 다른 것들에 동의하지 않는 한이 있더라도, 하나님의 뜻에 동의하는 것이 좋습니다. 오늘날 매우 많은 사람은 주님을 기쁘시게 하기보다는 다른 사람들과 자신을 기쁘게 하려고 살아가고 있습니다. 모든 사람에게는 인생의 갈림길에 서게 되는 때가 옵니다. 과거에 살았던 하나님의 사람들, 곧 능력의 사람들은 인생의 갈림길에 다다랐을 때 어렵게 보이는 길을 택했습니다. 그들은 하나님께서 승인하신 박해와 고난과 능력의 길을 택한 것입니다.

다른 사람들은 인생의 갈림길에 다다랐을 때 더 매력적으로 보이는 길을 택했는데, 이 길은 번영과 명성과 파멸로 인도하는 길입니다.

가장 좋은 땅을 마음에 그리고 있는 구약의 롯을 상상해 보십시오. 그곳에는 중앙에 풍요로운 소돔 성이 위치한 물 댄 골짜기가 있었습니다. 인적이 드물고 거친 언덕들로 방향을 트는 것보다는 소돔을 택하기가 확실히 쉬웠습니다. 그는 그 골짜기에 살던 사람들 가운데로 가서 자기 일을 하며 그들의 죄에 참여하지 않을 수 있다고 느꼈음이 분명합니다. 게다가 하나님께서도 소돔이 멸망할 때 롯을 "의인"으로 여기셨습니다. 그러나 그는 하나님을 위한 능력을 소유하지 못했습니다. 그는 자기의 기혼 딸들을 소돔의 멸망으로부터 구원할 수 없을 정도로 소돔 사람들에게 무시된듯합니다(창 19:14 참조).

이 길을 택하는 사람들에게는 이 길이 여전히 열려 있습니다. 그러나 우리에게는 이 길보다 더 나은 길이 있음에 하나님께 감사드립니다. 이 길은 모세와 같은 사람들이 행한 길입니다.

"믿음으로 모세는 장성하여 바로의 공주의 아들이라 칭함 받기를 거절하고 도리어 하나님의 백성과 함께 고난 받기를 잠시 죄악의 낙을 누리는 것보다 더 좋아하고"(히 11:24-25).

이와 동일한 갈림길에 다다랐었던 요셉은 지하 감옥에서 풀려날 어떠한 확신도 없는 상태로 수년 동안 그곳에 갇혀 있어야 했지만, 자신을 정결하게 지키기를 택했습니다.

노예 소년이었던 다니엘은 왕의 포도주를 마시지 않겠다고 선언했고, 나중에는 사자 우리에 던져져야 할 운명에 처할 수밖에 없음에도 불구하고, 하나님과의 약속을 지켰습니다.

이 사람들은 하나님께 "예스"라고 말씀드려야 했기에 사탄에게는 "노"라고 말했습니다. 모세는 이집트의 즐거움과 보화를 하나님의 부르심과 저울질했고, 하나님의 부르심의 은혜를 택했습니다. 그는 죄의 즐거움은 기껏 한날에 불과하다는 것을 알았습니다. 그는 그리스도를 위하여 받는 수모를 이집트의 모든 보화보다 더 큰 재물로 여겼습니다. 그는 참 가치관을 가지고 있었습니다. 오늘날의 사람 중 다수는 이런 가치관을 가지고 있지 않습니다. 그들은 이집트(할리우드, 브로드웨이, 월스트리트)에 사는 사람들이 더 큰 재물을 소유하고 있다는 식으로 생각하는 듯합니다.

우리가 먼저 세상의 것들에 "노"라고 말하기 전에는 하나님께 "예스"라고 말하는 것은 불가능합니다.

세상의 것들에 마음을 빼앗긴 사람들은 즉시 모세가 매우 적은 것을 위해서 매우 많은 것을 포기하는 매우 지혜롭지 않은 선택을 했다고 말할 것입니다. 그러나 모세는 자기가 받아야 할 상을 받았습니다. 그는 하나님의 친구가 되었습니다. 그는 하나님과 대면하여 말한 사람입니다.

그의 얼굴은 하나님의 영광의 광채로 빛났기에 사람들은 그의 얼굴을 똑바로 볼 수가 없었습니다. 그리고 그는 하나님과 손을 잡고 일하면서 이집트의 노예였던 300만 명에게 자유를 주었고, 그들이 자주 기적적으로 구원받는 것을 보았고, 하나님의 손에 의해 보호받아서 "그의 지파 중에 비틀거리는 자가 하나도 없었습니다"(시 105:37). 진실로 이것은 우리가 현재 찾고 있는 상입니다. 우리는 사람들에게 구원과 축귀를 가져다 줄 수 있게 되기를 소원합니다. 그리고 하나님께서는 자기의 음성을 듣고 자기의 부르심에 순종한 많은 사람에게 상을 주고 계십니다. 그들은 세상에 대해서는 "노"라고 말했고, 하나님에 대해서는 "예스"라고 말하는 사람들입니다.

하나님께서는 과거에 성 무너진 데를 막아서서 자신으로 하여금 그 땅을 멸하지 못하게 할 사람을 찾으셨습니다.

"이 땅을 위하여 성을 쌓으며 성 무너진 데를 막아서서 나로 하여금 멸하지 못하게 할 사람을 내가 그 가운데에서 찾다가 찾지 못하였으므로 내가 내 분노를 그들 위에 쏟으며 내 진노의 불로 멸하여 그들 행위대로 그들 머리에 보응하였느니라. 주 여호와의 말씀이니라"(겔 22:30-31).

하나님께서는 지금도 이런 사람들을 찾고 계십니다.

하나님의 거룩하심은 하나님으로 하여금 악한 세상에 심판을 가져다주시도록 합니다. 이 세상에 있는 의인들만이 심판의 홍수들을 제지합니다. 모세는 이스라엘 백성을 위하여 무너진 데를 막아섰고, 그들의 생명이 보존되었습니다(출 32:10-11 참조). 아브라함은 롯과 그의 가족이 소돔에 있을 때 그들을 위해 무너진 데를 막아섰습니다. 그리고 아브라함은 자기의 증언과 영향을 통해 롯 주변으로 의로운 사람들을 모았고, 소돔의 죄악으로부터 롯을 구원했고, 소돔 성 전체를 위해 무너진 데를 막아 설 수 있었습니다(창 18:23, 19:15 참조).

우리가 사는 이 세대는 악한 세대입니다. 이 세대는 마치 롯이 살던 세대와 흡사합니다. 이 세대는 죄로 물들어 있고, 심판을 받을 세대입니다. 하나님의 진노는 이 세대와 같은 세상의 악에 참여하는 모든 사람에게 이미 선고되었습니다.

그러나 하나님께서는 심판을 퍼부으시는 것을 통해 기쁨

을 취하시지 않습니다. 하나님께서는 과거처럼 사람들을 사랑하고 그들의 무너진 데를 막아 설 사람, 곧 심판의 폭풍을 제어하고 자기 등으로 그 폭풍을 막아서고 다가오는 진노로부터 도망하라고 사람들에게 길고 큰 목소리로 호소하는 사람을 찾고 계십니다.

세상은 "이 땅의 인간사"인 위대한 이야기의 마지막 위대한 장을 위한 무대를 설치하는 중입니다. 이제 곧 마지막 장을 보여주기 위해 커튼이 올라갈 것입니다. 마지막 장은 마지막 의인이 급히 끌려 올라간 후 하나님의 진노가 악한 세상에 부어지는 무시무시한 환난 기간입니다. 우리는 폭풍 전에 구름들이 몰려오고 있는 것과 번개와 천둥이 치는 것과 세찬 바람이 더 자주 더 강하게 일어나는 것을 느낄 수 있습니다.

"너희는 넉 달이 지나야 추수할 때가 이르겠다 하지 아니하느냐? 그러나 나는 너희에게 이르노니 너희 눈을 들어 밭을 보라. 희어져 추수하게 되었도다"(요 4:35).

하나님의 종들은 전과 같지 않게 다른 모든 것보다 추수의 일을 가장 우선시해야 합니다. 그들은 "일할 수 없는 밤이 오기 전"에 일해야 합니다. 폭풍이 고귀한 추수 밭을 망가뜨리기 전, 우리를 위해 예비된 하나님의 능력은 할 수 있는 대로 많은 영혼을 구원하는 데 사용되어야 합니다. 지금은 하나님께서 우리로 하여금 서도록 하시는 무너진 데를 찾아야 할 때이며, 그곳을 성실히 막아 서 있어야 할 때입니다.

하나님께서 무너진 데를 막아 설 사람을 찾으셨지만, "무너진 데를 막아 설 자를 찾지 못했노라. 그러므로 나는 내 격분을 그들에게 부었노라. 나는 나의 진노의 불로 그들을 불살랐노라." 하고 계속 말씀하셨던 것은 안타까운 일입니다.

하나님께서는 지금도 무너진 데를 막아 설 사람들을 찾고 계십니다. 그분께서는 지금도 추수할 일꾼들을 찾고 계십니다. 그분께서는 마지막 시간에 와서 일한 사람들에게 먼저 와서 싸움의 열기를 견딘 사람들과 같은 삯(상)을 주십니다.

하나님께서 우리에게 요구하시는 것은 하나님의 부르심에 우리가 즉각적으로 응답하고, 그 부르심을 성실하게 수행하는 것입니다.

당신은 하나님의 이 부르심에 "예스"라고 말씀드리겠습니까?

당신은 하나님께 당신의 모든 것을 드리겠습니까? 당신은 잃어버린 영혼들과 질병으로 고통 받는 사람들을 구원하기 위해 하나님의 최상, 곧 하나님의 기적 행하는 능력인 영혼 구원하는 능력을 받아들이겠습니까?

의로운 아벨의 때부터 지금까지 하나님의 거룩한 사람들에 의해 인류가 구원받는 일이 많이 일어났습니다. 그리고 나는 하나님의 말씀을 읽고, 하나님의 강력한 약속들에 주목하고, 누군가가 담대히 믿었을 때 일어났던 기적들을 볼 때, 하나님과 어디든지 동행하면서 자기 마음에 절대로 의심을 하지 않는 사람들을 통해 하나님께서 하실 수 있는 일들을 보게 됩니다. 만약 하나님의 사람들로 구성된 강력한 군대가 하나님의 약속들 위에 함께 서고, 기적 행하는 능력을 하나님께서 주실 것을 믿으면, 인류의 원수 사탄을 파괴할 거대한 능력이 그들에게 임할 것입니다.

당신은 바로 그 사람이 될 수 있습니다. 아니면 그 위대한 군대의 일원이 될 수 있습니다.

당신은 하나님께서 한 사람을 찾으실 때 지원병이 되렵니까? 그 한 사람이 되렵니까?

Chapter 14

미국에 가해질 유독가스와 핵무기 공격
: 1950년대에 본 환상

1950년대에 본 환상

엠파이어스테이트 빌딩 꼭대기

엠파이어스테이트 빌딩 꼭대기에 서 있었을 때였습니다. 나는 새로운 세계로 가는 관문을 밝히는 자유의 여신상을 볼 수 있었습니다. 내 앞에는 지름이 98-128km의 면적을 보여주는 동영상으로 된 지도가 펼쳐졌습니다. 나는 성령께서 엠파이어스테이트 빌딩 꼭대기에서 나에게 보여주신 장면으로 인하여 놀랐습니다. 왜 나는 성령의 능력이 밀려오는 것을 느꼈어야 했던 것일까요?

거대한 망원경

갑자기 주님의 음성이 들려왔습니다. 그 음성은 사람의 음성처럼 분명하고 뚜렷했습니다. 마치 거대한 망원경 가운데서 들리는 것 같았지만, 내가 그 망원경을 보았을 때 그 음성은 망원경에서 나온 것이 아니라 하늘로부터 들려온 것임을 알게 되었습니다. 그 음성은 역대하 16장 9절을 말씀했습니다.

"여호와의 눈은 온 땅을 두루 감찰하사 전심으로 자기에게 향하는 자들을 위하여 능력을 베푸시나니 이 일은 왕이 망령되이 행하였은즉 이 후부터는 왕에게 전쟁이 있으리이다 하매."

하나님의 음성을 듣자마자, 나는 그것이 성경에서 인용되었음을 알았습니다. 하지만 그때처럼 이 말씀이 성령의 능력으로 매우 강력하게 임한 적이 없었습니다.

자동 시계

망원경의 째깍거림이 멈추었습니다. 내 앞에 있던 사람이 망원경에 넣은 동전에 할당된 시간이 다 된 것이었습니다. 그가 망원경에서 물러나자 나는 내가 다음 차례라는 것을 알았습니다. 망원경으로 가까이 가서 동전을 넣자마자 째깍거리는 소리가 다시 시작되었습니다.

이 째깍거림은 내가 한정된 시간만 그 망원경을 사용하도록 허용하는 자동 시계였습니다. 내가 망원경을 북쪽으로 틀자, 전에 생각해보지 못했던 방식으로 성령께서 갑자기 나에게 임하셨습니다. 나는 성령에 완전히 사로잡혔습니다. 나는 즉시 먼 곳을 볼 수 있게 되었기에 망원경이 아무 소용없다는 것을 알았습니다. 그 이유는 망원경으로는 밝고 맑은 날에도 볼 수 없는 먼 곳의 사물들을 볼 수 있었기 때문입니다. 그 시간은 하나님께서 나에게 이것들을 계시하시기 위해서 따로 정하신 것이었는데, 이는 내가 망원경으로 본 것이 맨해튼 섬보다 훨씬 컸기 때문입니다.

북미 대륙

그 아침에는 안개로 인하여 경관을 거의 볼 수 없었습니다. 그러나 갑자기 성령께서 나에게 임하시자, 수천 km를 볼 수 있을 정도로 안개가 걷혔습니다. 나는 단지 맨해튼 섬만 본 것이 아니었습니다. 북미 대륙 전체가 테이블 위에 펼쳐진 지도처럼 펼쳐졌습니다. 내가 본 것은 양편에 있는 이스트 강과 허드슨 강이 아니라 대서양과 태평양이었습니다. 그리고 나는 자유의 여신상이 작은 섬이 아니라 멀리 멕시코만에 서 있는 것을 보았습니다. 그녀는 나와 미국 사이에 서 있었습니다.

나는 즉시 망원경이 내가 보고 있던 것을 보여준 것이 아니라 하나님에게서 직접 온 환상을 보여주었음을 깨달았습니다. 그래서 더는 렌즈를 통하지 않고도 그 장면을 볼 수 있다는 것을 나 자신에게 증명하기 위해 망원경에서 눈을 뗐습니다. 하지만 같은 장면이 내 앞에 그대로 남아있었습니다.

거대한 도시들

선명하고 뚜렷한 지도에는 모든 도시가 포함된 북미 대륙 전체가 들어있었습니다. 북쪽으로는 오대호가 있었고, 북동쪽으로는 뉴욕 시가 있었습니다. 나는 북서쪽에서 시애틀과 포틀랜드를 볼 수 있었습니다.

서쪽 해안에는 샌프란시스코와 로스앤젤레스가 있었습니다. 걸프 코스트 지역 중앙에는 뉴올리언스가 있었습니다. 로키 산맥의 우뚝 솟은 산줄기들과 분수계가 내 눈에 들어왔습니다. 나는 테이블 위에 펼쳐진 거대한 지도에서 이 모든 것과 그 이상의 것을 볼 수 있었습니다.

거대한 손

지도를 보고 있을 때 갑자기 하늘에서 거대한 손이 내려왔습니다. 거대한 손은 자유의 여신상을 향하여 뻗어왔습니다. 곧 그녀의 빛나는 횃불이 손에서 떼어지고서 그 자리에 잔 하나가 대신 들려졌습니다. 그리고 나는 그 거대한 잔에서 거대한 칼이 돌출해 있는 것을 보았습니다. 마치 큰 전구가 그녀의 가장자리를 비추는 것처럼 보였습니다. 나는 이처럼 예리하고 밝게 빛나고 위험한 칼을 본 적이 없었습니다. 그것은 온 세상을 위협하는 듯했습니다.

거대한 잔이 그녀의 손에 들려진 후, 나는 "너는 그들에게 이르기를 만군의 여호와 이스라엘의 하나님의 말씀에 너희는 내가 너희 가운데 보내는 칼 앞에서 마시며 취하여 토하고 엎드러져 다시는 일어나지 말아라 하셨느니라."는 말씀을 들었습니다. 내가 이 말씀을 들었을 때 이것이 예레미야 25장 27절이라는 것을 깨달았습니다.

나는 자유의 여신상이 "안 마실 거예요."라고 대답하는 것을 듣고서 놀랐습니다.

그 후에 나는 주님께서 우레와 같은 음성으로 "너희가 반드시 마셔야 하리라."(렘 25:28)고 말씀하는 것을 들었습니다. 그리고 거대한 손이 자유의 여신상의 입술에 잔을 강제로 갖다 댔고, 그녀는 그것을 거부할 힘을 잃었습니다. 하나님의 강한 손은 자유의 여신상이 잔속의 포도주를 마지막 한 방울까지 마시도록 했습니다. 그녀가 쓴 포도주를 마시는 동안에 나는 "즉 너희가 어찌 능히 형벌을 면할 수 있느냐? 면하지 못하리니 이는 내가 칼을 불러 세상의 모든 주민을 칠 것임이라 하셨다 하라. 만군의 여호와의 말씀이니라."(렘 25:29)는 말씀을 들었습니다.

전쟁, 죽음, 파멸

잔이 그녀의 입술에서 거둬졌을 때, 나는 잔에 있던 칼이 사라진 것을 발견했습니다. 칼이 사라진 것은 하나를 의미했습니다. 그녀가 잔에 있던 모든 것을 삼킨 것이었습니다. 나는 그 칼이 확실히 올 전쟁과 죽음과 파멸을 상징하는 것임을 알았습니다.

자유의 여신상은 포도주를 매우 많이 마셔서 취하므로 두 발이 불안정했고, 비틀거리기 시작하면서 균형을 잃었습니다. 나는 그녀가 멕시코만에서 첨벙거리며 다시 균형을 잡으려고 하는 모습을 보았습니다. 그녀는 제삼제사 비틀거리다가 그 자리에 무릎을 꿇었습니다. 나는 그녀가 필사적으로 다시 균형을 잡고서 두 발로 일어서려고 하는 모습을 보았을 때, 과거에 가져보지 못했던 궁휼한 마음을 갖게 되었습니다. 그러나 나는 그녀는 멕시코만에서 비틀거리는 동안에 다시금 "너희는 내가 너희 가운데 보내는 칼 앞에서 마시며 취하여 토하고 엎드러져 다시는 일어나지 말아라."(렘 25:27)는 말씀을 들었습니다.

나는 그 광경을 보는 중에 자유의 여신상이 두 발로 다시 설 수 있을지 궁금해 했습니다. 내가 계속 지켜보는 중에 그녀는 힘을 내서 일어서려고 했고, 결국 두 발로 비틀거리며 일어서서 취한 채로 휘청거렸습니다. 나는 그녀가 어느 순간에 다시 쓰러지고서 끝내 일어서지 못할 것이 확실하다고 느꼈습니다. 나는 그녀의 머리가 물속으로 가라앉지 않게 도와주려고 내 손을 뻗기를 원했습니다. 왜냐하면, 만약 그녀가 다시 쓰러지면 물에 빠져 죽게 된다는 것을 알았기 때문입니다.

"너는 밤에 찾아오는 공포와 낮에 날아드는 화살과 어두울 때 퍼지는 전염병과 밝을 때 닥쳐오는 재앙을 두려워하지 아니하리로다"(시 91:5-6).

검은 구름이 올라오다

후에 또 하나의 경이로운 것이 일어나는 것을 보았습니다. 북서쪽 먼 곳에 있는 알래스카 위로 크고 검은 구름이 올라오고 있었습니다. 구름이 올라왔는데, 밤처럼 검은색이었습니다. 이것은 사람의 머리 모양처럼 보였습니다. 이것이 계속 오르는 동안, 나는 두 광점(two light spots)이 검은 구름 속에서 빛나는 것을 보았습니다. 구름은 더 높이 올랐고, 큰 구멍이 나타났습니다. 나는 그 검은 구름이 두개골 모양으로 변하는 것을 볼 수 있었으며, 이제는 거대하고 희고 크게 벌린 입이 선명하게 보였습니다. 결국, 머리가 완전하게 모양을 갖추었습니다. 그리고 두 어깨가 나타나기 시작했으며,

양 어깨에 길고 검은 팔이 생겨났습니다.

해골이 사람들을 파멸시키다

내가 본 것은 북미 대륙 전체가 테이블 위에 펼쳐진 지도와 테이블 뒤에 떠 있는 무시무시한 해골 모양의 구름 같은 것이었습니다. 해골 구름은 허리까지 형태를 갖출 때까지 한결같이 떠올랐습니다. 허리까지 형태를 갖춘 해골은 미국을 향해 구부리면서 한 손은 동쪽에 있는 뉴욕으로 뻗었고, 다른 손은 서쪽에 있는 시애틀로 뻗었습니다. 끔찍한 형체가 앞으로 손을 뻗었을 때, 나는 그것이 적어도 캐나다를 내려다보면서 미국에 집중하는 것을 볼 수 있었습니다. 나는 무시무시한 해골 모양의 검은 구름이 미국을 향해 허리를 구부리고서 시카고에 닿게 하고서 동서 해안으로 두 팔을 뻗는 것을 보았습니다. 이때 나는 이 해골의 유일한 관심사는 사람들을 파멸시키는 것임을 알았습니다.

치명적인 고통

내가 두려움 속에서 그 장면을 보고 있을 때, 검은 구름은 오대호 지역 위에 멈추고서 그 얼굴을 뉴욕 시로 향하게 했습니다. 그리고 무시무시하고 크게 벌어진 입은 흡연자가 입으로 연기를 내뿜는 것처럼 흰 연기를 내뿜기 시작했습니다.

흰 연기는 뉴욕 시를 향하여 내뿜어졌고, 미국의 동부를 완전히 덮을 때까지 퍼지기 시작했습니다.

그 후에 해골은 서쪽으로 향했고, 무시무시한 입과 코에서 또 하나의 흰 연기가 뿜어져 나왔습니다. 이번에는 연기가 서부 해안 방향으로 불어졌습니다. 곧 서부 해안과 로스앤젤레스 지역 전체가 연기로 덮였습니다.

그리고서 해골은 미국 중부를 향하여 세 번째로 연기를 내뿜었습니다. 내가 보니, 세인트루이스와 캔자스시티가 흰 연기에 뒤덮였습니다. 그리고 연기는 뉴올리언스를 향해 불어졌습니다. 연기는 술 취하여 멕시코만의 파란 물속에서 비틀거리며 서 있던 자유의 여신상에게까지 흘러갔습니다. 흰 연기가 그녀의 머리 주변으로 퍼지기 시작하자, 그녀는 헐떡거렸고, 폐로 들어간 지독한 연기를 빼내려는 듯 기침하기 시작했습니다. 그녀가 기침한 것을 통해 누구든지 연기가 그녀의 폐에 들어갔기 때문이라는 것을 쉽게 분별할 수 있습니다.

이 흰 연기는 무엇이었을까요? 연기는 순식간에 수다한 사람을 죽이는 세균전이나 신경가스를 의미할 수 있을까요?

그 후에 나는 하나님께서 "보라 여호와께서 땅을 공허하게 하시며 황폐하게 하시며 지면을 뒤집어엎으시고 그 주민을 흩으시리니 백성과 제사장이 같을 것이며 종과 상전이 같을 것이며 여종과 여주인이 같을 것이며 사는 자와 파는 자가 같을 것이며 빌려 주는 자와 빌리는 자가 같을 것이며 이자를 받는 자와 이자를 내는 자가 같을 것이라. 땅이 온전히 공허하게 되고 온전히 황무하게 되리라 여호와께서 이 말씀을 하셨느니라. 땅이 슬퍼하고 쇠잔하며 세계가 쇠약하고 쇠잔하며 세상 백성 중에 높은 자가 쇠약하며 땅이 또한 그 주민 아래서 더럽게 되었으니 이는 그들이 율법을 범하며 율례를 어기며 영원한 언약을 깨뜨렸음이라 그러므로 저주가 땅을 삼켰고 그 중에 사는 자들이 정죄함을 당하였고 땅의 주민이 불타서 남은 자가 적도다."(사 24:1-6)라고 말씀하시는 음성을 들었습니다.

　내가 보니, 기침이 점점 더 심해지고 있었습니다. 기침은 폐에서부터 올라오는 것처럼 들렸습니다. 자유의 여신상은 신음하며 고통스러워하고 있었습니다. 그녀는 죽음의 고통을 겪고 있었습니다. 그녀가 폐에서 그 무시무시한 흰 연기를 제삼제사 빼내려고 시도한 것으로 보아, 통증이 엄청나게 심한 것이 분명했습니다. 나는 그녀가 멕시코만에서 비틀거리며 자기 두 손으로 폐가 위치한 부위를 움켜잡고 있는 모습을 보았습니다. 그러고서 그녀는 무릎을 꿇었습니다. 그녀는 마지막 기침을 하고서 필사적으로 일어서려고 했지만, 곧 물속으로 얼굴을 박고서 죽은 듯 가만히 있었습니다. 그녀가 죽었다고 생각하니, 눈물이 내 얼굴을 타고 흘렀습니다. 그녀의 몸이 부분적으로 물에 잠겼고, 나머지 부분은 물 밖에 있었습니다. 파도가 그녀의 몸에 찰싹거리면서 적막을 깨뜨리고 있었습니다.

"불이 그들의 앞을 사르며 불꽃이 그들의 뒤를 태우니 그들의 예전의 땅은 에덴 동산 같았으나 그들의 나중의 땅은 황폐한 들 같으니 그것을 피한 자가 없도다"(욜 2:3).

사이렌 소리가 울리다

갑자기 사이렌 소리에 의해 적막이 깨졌습니다. 사이렌은 "살고 싶으면 도망하십시오."라고 소리치는 것 같았습니다.

이렇게 날카롭게 울리는 사이렌 소리는 예전에 들어본 적이 없습니다. 사이렌 소리는 동서남북 어디서나 울렸습니다. 나는 사람들이 모든 방향으로 뛰는 것을 보았습니다. 그러나 그들은 몇 미터 뛰지 못하고 넘어졌습니다.

나는 자유의 여신상이 다시 균형을 잡으려고 버둥거렸지만 결국 죽어서 엎어지는 것을 보았습니다. 나는 이제 수백만 명이 차도와 인도에서 휘청거리며 쓰러지는 것을 보았습니다. 나는 그들의 도움과 구조를 구하는 신음을 들었습니다. 나는 그들이 연기 때문에 기침하는 끔찍한 소리를 들었으며, 운이 다하고 죽어가는 사람들의 신음을 들었습니다. 나는 그 중 소수만이 피신처로 들어가는 것을 보았습니다.

죽어가는 사람들이 신음할 때 다음의 말씀이 들렸습니다.

"요란한 소리가 땅 끝까지 이름은 여호와께서 뭇 민족과 다투시며 모든 육체를 심판하시며 악인을 칼에 내어 주셨음이라. 여호와의 말씀이니라. 만군의 여호와께서 이와 같이 말씀하시니라. 보라 재앙이 나서 나라에서 나라에 미칠 것이며 큰 바람이 땅 끝에서 일어날 것이라. 그 날에 여호와에게 죽임을 당한 자가 땅 이 끝에서 땅 저 끝에 미칠 것이나 그들을 위하여 애곡하는 자도 없고 시신을 거두어 주는 자도 없고 매장하여 주는 자도 없으리니 그들은 지면에서 분토가 되리로다"(렘 25:31-33).

로켓 미사일 공격

그 후에 나는 대서양과 태평양과 멕시코만에서 로켓같이 생긴 물체들이 마치 물고기들이 물에서 뛰쳐나오는 것처럼 올라오는 것을 보았습니다. 로켓들은 높이 치솟았고, 각각 다른 방향으로 날아갔지만, 전부 미국을 향하고 있었습니다. 지상에서는 사이렌 소리가 더 크게 울렸고, 지상에서도 유사한 로켓들이 발사되는 것을 보았습니다. 비록 그것들이 각각 미국의 다른 지점에서 발사되기는 했지만, 요격 로켓들처럼 보였습니다. 하지만 그 중 어느 것도 바다 곳곳에서 발사된 로켓들을 요격하는 데 성공하지 못하는 듯했습니다. 이 로켓들은 결국 최고도까지 올라가더니 방향을 천천히 아래로 틀고서 땅으로 떨어졌습니다.

그리고 갑자기 바다에서 물고기가 뛰어오르듯 발사되었던 로켓들이 동시에 폭발했습니다. 폭발은 고막을 찢을듯한 소리를 냈습니다. 다음으로 내가 본 것은 거대한 불덩이였습니다. 내가 환상으로 본 것 중에 유일하게 비슷하게 일어난 폭발은 남태평양 어딘가에서 수소폭탄이 폭발한 사건이었습니다. 내가 본 환상은 내가 실제로 그 폭발로부터 나온 열기를 느낄 정도로 매우 실제적이었습니다.

광범위한 폐허

내 눈앞에 환상이 펼쳐졌고, 무시무시한 폭발들로 인하여 광범위한 폐허가 보였습니다. 나는 미국의 수호자들이 무슨 수단으로 나라를 수호할 것인지를 놓고 옥신각신하는 것을 보았습니다. 그들은 이 나라가 크게 두려워하던 것을 유일하게 방어할 수 있는 살아 계신 참 하나님에 대한 믿음과 신뢰를 도외시했습니다. 그 모습을 보았을 때, 나는 시 127편 1절이 증거하는 내용이 참되다는 것을 느꼈습니다.

"여호와께서 집을 세우지 아니하시면 세우는 자의 수고가 헛되며 여호와께서 성을 지키지 아니하시면 파수꾼의 깨어 있음이 헛되도다."

전투의 소음이 사그라졌을 때 내 귀에 다음의 말씀이 들렸습니다.

"시온에서 나팔을 불며 나의 거룩한 산에서 경고의 소리를 질러 이 땅 주민들로 다 떨게 할지니 이는 여호와의 날이 이르게 됨이니라. 이제 임박하였으니 곧 어둡고 캄캄한 날이요 짙은 구름이 덮인 날이라 새벽빛이 산꼭대기에 덮인 것과 같으니 이는 많고 강한 백성이 이르렀음이라. 이와 같은 것이 옛날에도 없었고 이후에도 대대에 없으리로다. 불이 그들의 앞을 사르며 불꽃이 그들의 뒤를 태우니 그들의 예전의 땅은 에덴동산 같았으나 그들의 나중의 땅은 황폐한 들 같으니 그것을 피한 자가 없도다. 그의 모양은 말 같고 그 달리는 것은 기병 같으며 그들이 산꼭대기에서 뛰는 소리는 병거 소리와도 같고 불꽃이 검불을 사르는 소리와도 같으며 강한 군사가 줄을 벌이고 싸우는 것 같으니 그 앞에서 백성들이 질리고, 무리의 낯빛이 하얘졌도다. 그들이 용사 같이 달리며 무사 같이 성을 기어오르며 각기 자기의 길로 나아가되 그 줄을 이

탈하지 아니하며 피차에 부딪치지 아니하고 각기 자기의 길로 나아가며 무기를 돌파하고 나아가나 상하지 아니하며 성중에 뛰어 들어가며 성 위에 달리며 집에 기어오르며 도둑 같이 창으로 들어가니 그 앞에서 땅이 진동하며 하늘이 떨며 해와 달이 캄캄하며 별들이 빛을 거두도다"(욜 2:1-10).

죽음의 정적

음성이 더는 들리지 않았습니다. 땅도 죽음의 정적으로 조용해졌습니다. 그 후에 다른 소리가 들렸습니다. 그 소리는 먼 곳에서 어떤 무리가 노래하는 소리였습니다. 그것은 내가 들어보았던 음악 중 가장 감미로운 것이었습니다. 기쁨의 함성과 행복한 웃음소리가 들렸습니다.

곧 나는 그것이 하나님의 성도들이 즐거워하는 소리라는 것을 알게 되었습니다. 나는 하늘을 쳐다보았습니다. 연기와 유독가스와 전투의 소음이 있던 곳보다 높은 곳에 거대한 산이 있는 것을 보았습니다. 그 산은 견고한 바위로 형성된 것처럼 보였습니다. 나는 그것이 주님의 산이라는 것을 즉시 깨달았습니다. 음악과 기쁨의 소리가 바위산 한쪽 갈라진 틈에서 들려왔습니다.

갈라진 틈에 숨겨지다

기뻐하는 사람들은 하나님의 성도들이었습니다. 기쁨으로 노래하고 춤추고 소리치는 사람들은 그 바위의 갈라진 틈에 숨겨지므로 지구상에 임한 모든 해로부터 안전하게 된 하나님의 백성이었습니다. 그들은 하늘로부터 내려온 하나님의 거대한 손에 의해 갈라진 틈으로 인도되고 보호되었습니다. 갈라진 틈은 폭풍이 지나가기까지 하나님의 손에 의해 닫혀 있었습니다.

회오리바람 같은 하나님의 음성을 듣다
갑절의 기적의 능력을 받는 법

펴낸날　1판 1쇄 2025년 5월 31일
　　　　1판 3쇄 2025년 7월 15일

지은이　A. A. 앨런
옮긴이　임은묵
펴낸이　이환호
디자인　박지영
펴낸곳　도서출판 예찬사
등록　1979. 1. 16 제 2018-000103호
주소　경기도 고양시 덕양구 중앙로 557번길 8-9
　　　엠앤지프라자 407-2호
전화　02-798-0147-8
팩시밀리　02-798-0145, 031-979-0145
블로그　blog.naver.com/yechansa
이메일　octo0691@naver.com
ISBN 978-89-7439-918-4　03230

* 좋은 책은 좋은 사람을 만듭니다.
예찬사는 기독교 출판 실천윤리강령을 준수합니다.